「自分だけの3時間」を作る人生・仕事の超整理法

「あなたの1日は27時間になる。」

木村 聡子
Akirako Kimura

ダイヤモンド社

はじめに

「自分だけの3時間」を作る4週間プログラム

本書のタイトル、『あなたの1日は27時間になる。』を見て、「1日の時間が増えるってどういうこと？」と思われた方もいらっしゃるかもしれません。

しかし、これは文字通り「あなたの時間が増える」という意味です。

この本は、忙しい1日の中で、**誰にも邪魔されない「自分だけの3時間」の作り方をお伝えするもの**です。

この本を手にとっていただいたあなたは、

- **仕事が多くて、いくら時間があっても足りない**
- **「時間さえあれば……」と、先のばしにしていることがたくさんある**

・毎日忙しすぎて、プライベートの時間が取れない

こうしたことを感じ、日々悩んでいらっしゃるかもしれません。であれば、本書があなたのお役に立つものだと断言できます。これも何かのご縁でしょうから、この「はじめに」だけは、最後まで読んでいただければと思います。

残業続きで、終電族だった私が……

私の職業は税理士です。15年前に独立開業したのですが、当時の私の1日をまとめると次のようになります。

6時：眠い目をこすりながら、ゆっくり起床する
8時：慌てて自宅を出る
9時：始業ギリギリに事務所に到着
9時〜：メール返信、部下からの相談や顧客対応、前日の残務処理に追われる
12時〜：昼食もそこそこに、今日やりたかった仕事にようやく取りかかる

18時：定時に仕事が終わるはずもなく、残業開始
23時：終電に合わせ、事務所を出る
1時：手早く入浴をすませ、就寝。→午前6時に起床

「朝起きて、事務所に行って、仕事する」。まさしくこの繰り返しでした。

ほっと安らげる唯一の時間といえば、移動の電車内で爆睡することと、寝る前に思いっきり好きな物を食べること。慢性的に疲労感を抱え、肌も荒れ、毎日憂鬱《ゆううつ》な気分に苛《さいな》まされていました。

そして次第に、顧客が私の忙しさの元凶であるかのごとく、被害者意識を感じるようになってしまいました。私の仕事ぶりにも苦情が寄せられ、長いつき合いの顧客も去ってしまう事態に。こんな自分を変えるのは容易ではありませんでした。

しかし今は、１人ですべての業務を行っているにもかかわらず、**仕事は15時までに終わらせ、18時までの3時間を自分のためだけに使っています**。

自己投資として勉強したり、セミナーに参加したりする一方で、趣味や休息の時間

図1　試行錯誤の結果

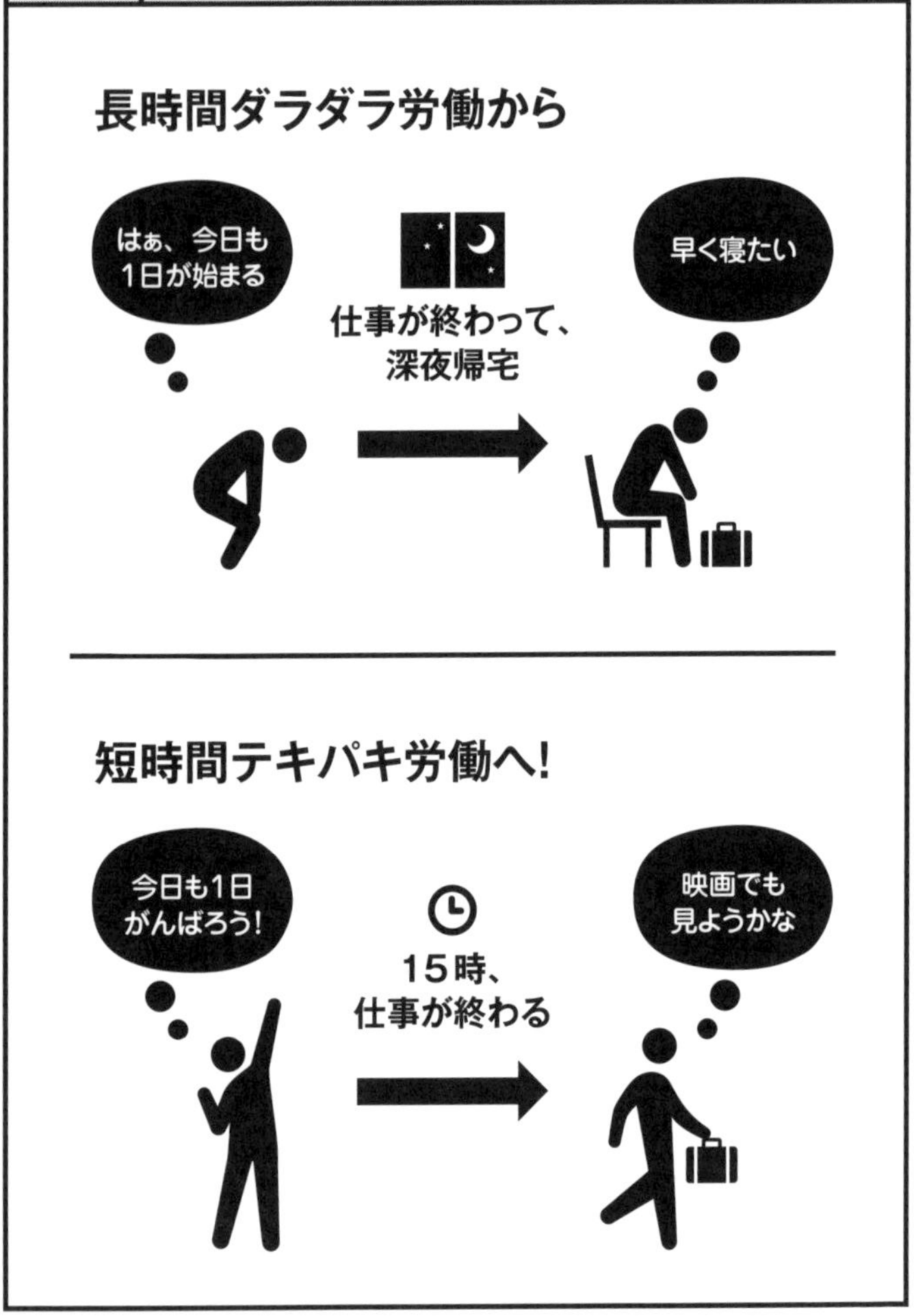
長時間ダラダラ労働から
はぁ、今日も
1日が始まる
仕事が終わって、
深夜帰宅
早く寝たい
短時間テキパキ労働へ!
今日も1日
がんばろう!
15時、
仕事が終わる
映画でも
見ようかな

に充てることもあります。また、その自己投資が仕事の単価アップにもつながり、年収は倍増。しかも4年間維持し続けています。

仕事を短時間で終わらせる「4つのポイント」

ここからが本題です。残業続きで終電族だった私が、なぜ1日3時間の自由時間を得ることができたのか？　ポイントを突き詰めると、次の4点になります。

①1日の「過ごし方」を見直す
↓「残業してでも、いい仕事をしよう」というマインドを捨てる

②「仕事の段取り」を徹底する
↓仕事を溜めず、「効率的に流す方法」を考える

③「仕事環境」を効率的にする
↓「物を探す時間」をゼロにする

④「仕事のスピード」をアップさせる
↓1秒でも早く手を動かす工夫をする

「それだけ?」と感じられた方も多いのではないでしょうか。
しかし、よく考えてみてください。

「時間をいくらでもかけていい」と思うから、効率化、つまり「ラクをする努力」を怠る。その結果、仕事が慢性的に溜まりがちになり、精神的な余裕がなくなる。そんな状態で、さまざまな仕事を同時進行するため、デスクまわりがどんどん汚くなり、書類の紛失や探し物で時間をとられる。結果、仕事のスピードがさらに落ちてしまう。

このようにすべてつながっているわけです。
当たり前のように見えるかもしれませんが、**仕事の効率化・スピードアップは、この4点を意識するだけで、必ず実現**できます。

ムリなく続けられる4週間プログラム

本書は、私の試行錯誤の6年を凝縮したテクニック集とも言えます。そして目的は、みなさんに「自分だけの3時間」を作っていただくことです。

しかしながら、残業が習慣化している状態から、いきなり3時間の自由時間を作るのは難しいと言えます。

そこで私は、**「ムリなく」「習慣化できる」に焦点を当てた「4週間プログラム」**を開発しました。私の6年間を、4週間という期間に凝縮したわけです。

4週間という期間にしたのは、1週間ごとにテーマ（やるべきこと）を絞ったからです。ある日突然、「これをやろう！　あれもやろう！」と意気込んで、詰め込みすぎても長続きはしません。特に、残業が習慣化していたり、常に目がまわるような忙しさに追われている人にとってはなおさらではないでしょうか。

プログラムの詳細は後ほどお伝えしますが、最初は本当に簡単なことから始めます。

図2　なぜ4週間なのか？

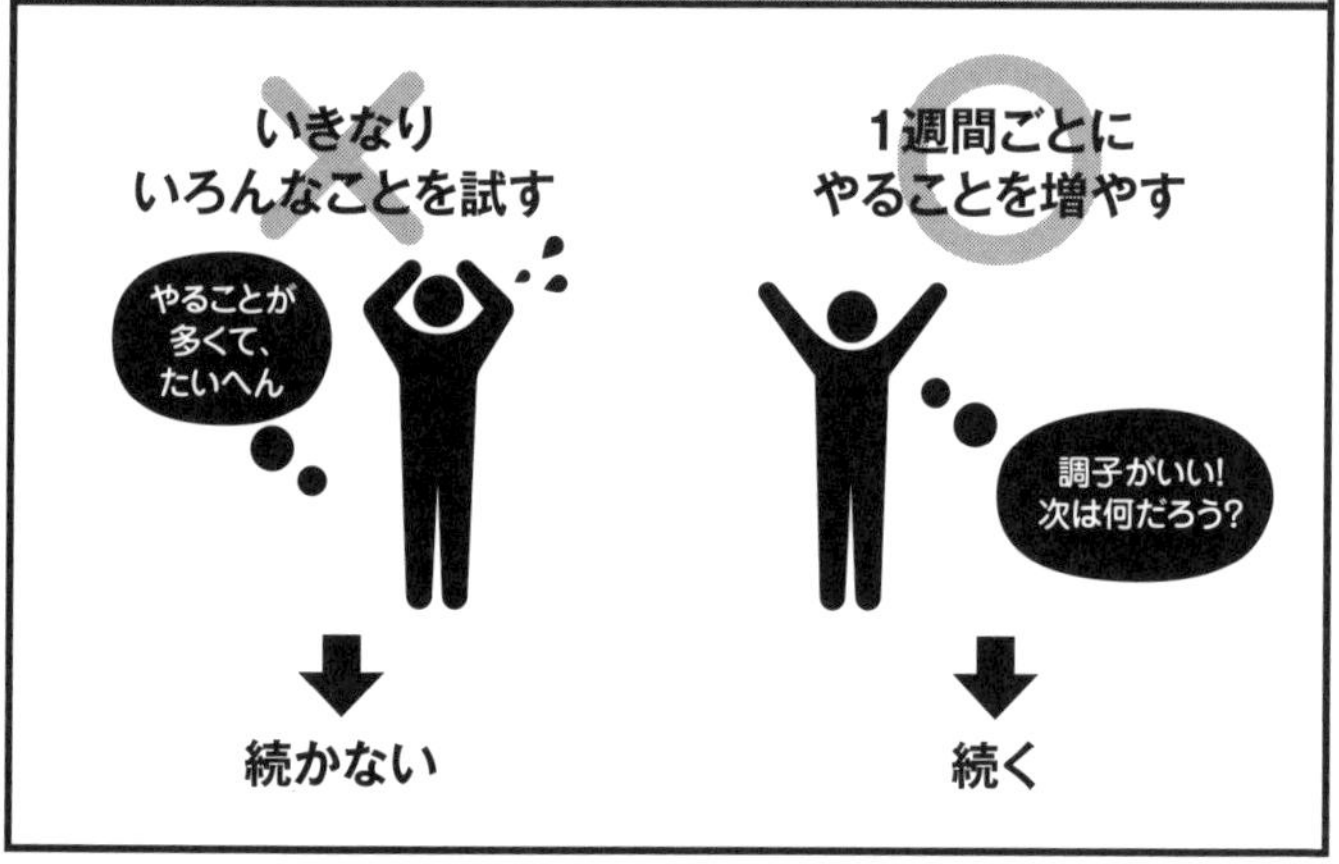
いきなり
いろんなことを試す
やることが
多くて、
たいへん
続かない
1週間ごとに
やることを増やす
調子がいい!
次は何だろう?
続く

「10分でもいいから早く出社する」「短時間で深く眠り、疲れを取る」など、生活リズムの改善から入ります。**最も恐ろしいのは、残業や長時間労働の「習慣化」**であり、それを当然のこととしている「考え方」なのです。日々の生活習慣を改善することで、少しずつ「考え方」も変わっていきます。

次に「やってもやっても仕事が終わらない&常に仕事に追われている」の最大の原因である、**『仕事の渋滞』の解消**に努めます。ポイントは「スケジューリング」と「仕事の流れをスムーズにする」、この2点です。

この2つができたところで、仕事の効

率化とスピードアップに本格的に着手します。具体的には、**「仕事環境の効率化」と「仕事のスピードアップにつながるテクニックのマスター」**です。

人生をもっと楽しもう！

あなたの毎日に自由な3時間が加わったら、どうなるでしょうか？　想像してみてください。まず、毎日の仕事に余裕ができるでしょう。そして職場の人にも顧客にも笑顔で接することができ、仕事が好きになるはずです。私がまさにそうでした。

空いた時間は、さらに仕事に費やすこともできますし、プライベートの時間を充実させることもできます。美味しい食事を楽しんだり、映画を見たり、買い物をしたりと、「時間があればやろう」と思っていたことが、なんでもできるようになります。

時間が、あなたに多くの自由と選択肢を与えてくれるようになるのです。

ではさっそく、「4週間プログラム」を始めていきましょう。次ページより、プログラムの概要を説明いたします。

図3

1週目　1日のリズムを整える

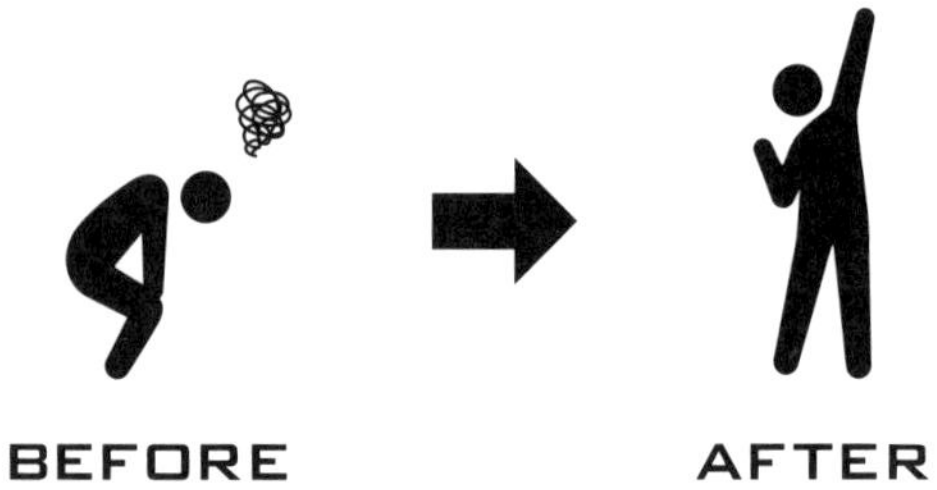

1週目は「1日のリズムを整える」です。仕事術や整理術はあくまで手段。本当に大切なのは、あなた自身の意識であり、日々の生活リズムなのです。

「残業が習慣化している」「朝はギリギリまで寝て、夜は午前様……」という方は1日の生活リズムを少しずつ変えていきましょう。

ポイントは、「朝時間の有効活用」と「短時間集中の習慣化」。

ほんのちょっとしたコツ、考え方で、1日をよいリズムで過ごすことができるようになります。無理せず、少しずつ始めていきましょう。

図4

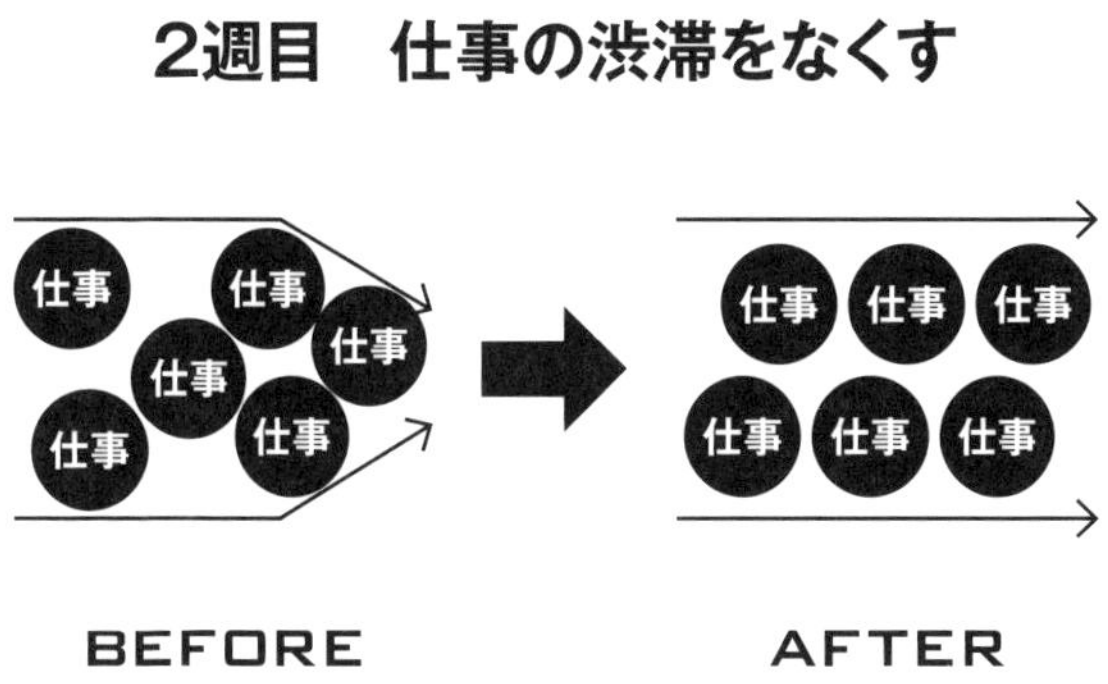

2週目は「仕事の渋滞をなくす」です。仕事が思いどおりに進まない最大の原因は、「仕事の渋滞」にあります。

「仕事の渋滞」とは、「仕事の量」と「仕事の速さ」をコントロールできていない、という状態を指します。

まずはあなたの「仕事の渋滞度」をチェックします。5つのチェック項目のうち、いくつ当てはまるでしょうか？

その後、「仕事の渋滞」を解消すべく、スケジューリング方法と、仕事の流れをスムーズにする方法をマスターしていただきます。

図5

3週目　仕事環境を効率的にする

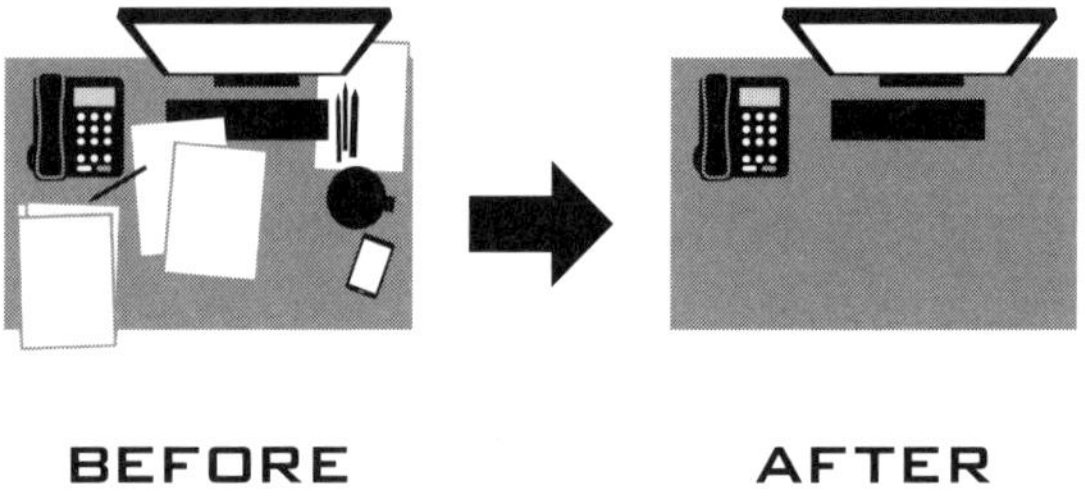

3週目は「仕事環境を効率的にする」です。ここから本格的に仕事の効率化とスピードアップの方法論をお伝えします。「仕事の渋滞をなくす」だけでは、1日に3時間もの時間を生み出すことはできません。とはいえ、「仕事を効率化しよう、スピードアップしよう」といわれても、何から手をつけるべきかわからないのではないでしょうか。

そこで3週目は、仕事の効率化とスピードアップの土台となる「効率的な仕事環境の作り方」に焦点を合わせます。

図6

4週目　仕事をスピードアップさせる

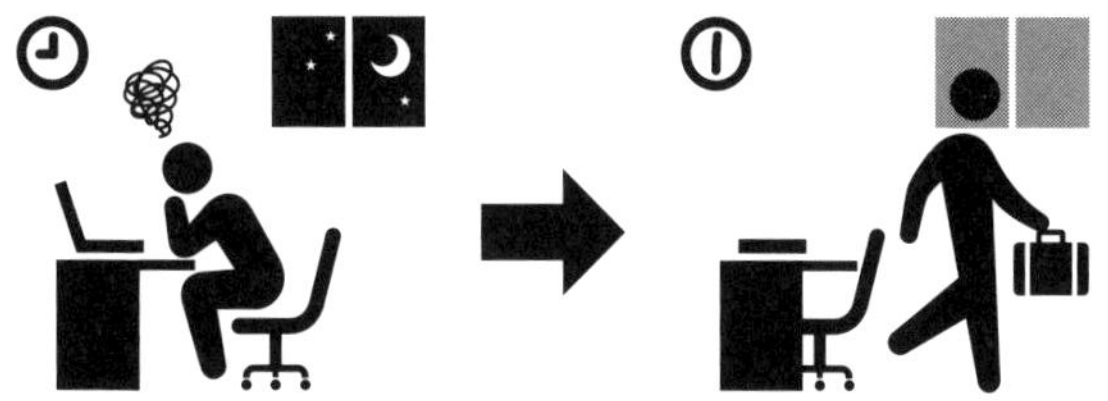

4週目は「仕事をスピードアップさせる」です。これまでの準備を活かし、仕事のスピードを上げる具体的な方法をマスターしていただきます。あなたがめんどくさい、時間がかかると感じているものは、必ず速く、そして効率化できます。

以上が「4週間プログラム」の概要です。まずは肩の力を抜いて、ラクに考えてください。繰り返しになりますが、「あれもこれも！」と一気にやらないことがポイントです。1週目から4週目の中で「やってみよう」と感じたものから、1つずつ試していってください。

4時

6時

7時

9時

起床

朝の身支度・家事などを行う

仕事の環境整備
（掃除、行動予定の確認、メールチェックなど）

仕事（本業）スタート！

クリエイティブで難しい仕事を
優先的に行う

仕事は先手必勝。締め切り前に、
どんどんボールを投げる。手を動かす

集中力を持続させるために、
「25分仕事→5分休憩」のリズムを守る

図7　私の1日

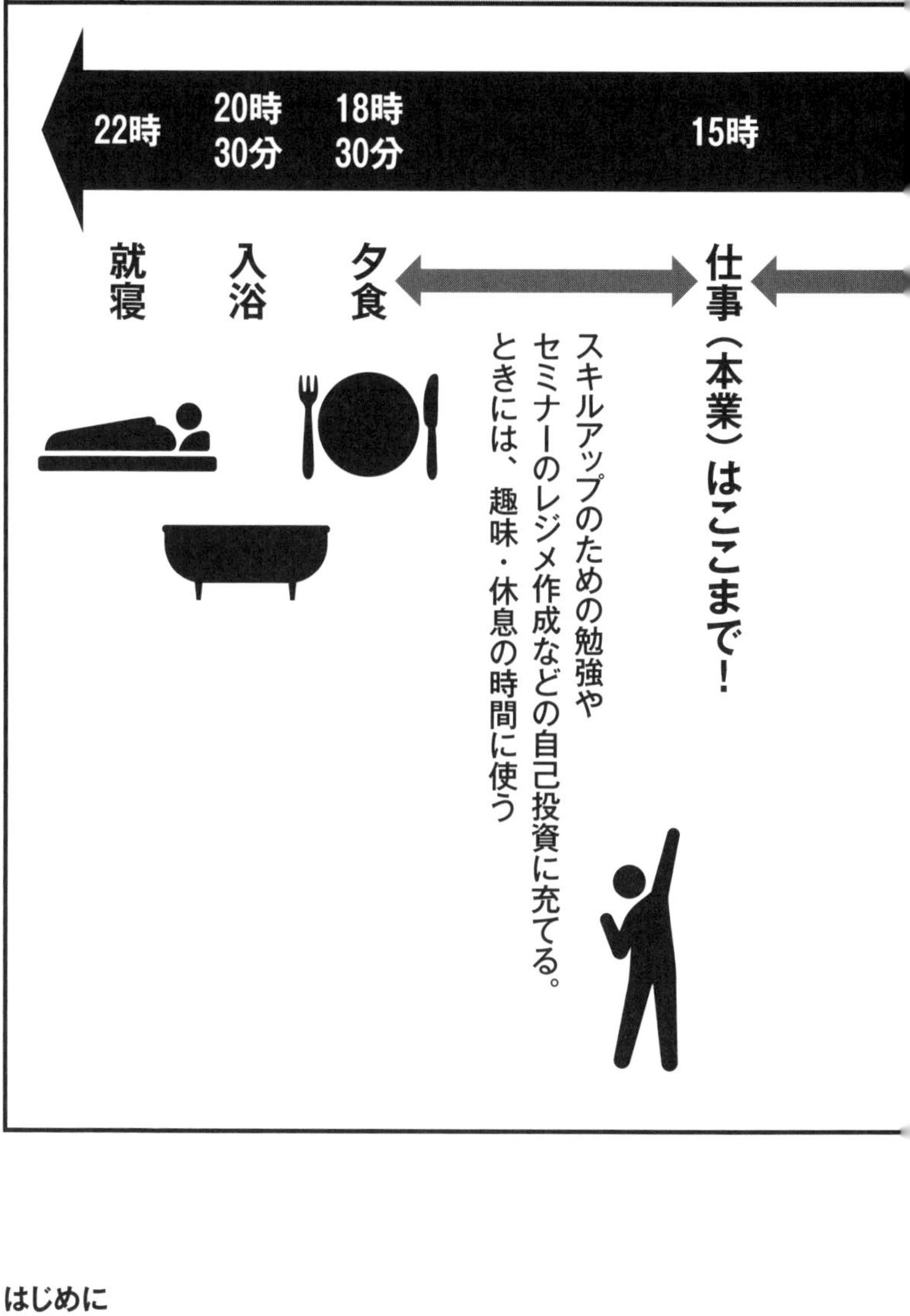
22時
20時30分
18時30分
15時
就寝
入浴
夕食
仕事（本業）はここまで！
スキルアップのための勉強やセミナーのレジメ作成などの自己投資に充てる。ときには、趣味・休息の時間に使う

CONTENTS

WEEK 1

1日のリズムを整える

WEEK 2

仕事の渋滞をなくす

WEEK 3

仕事環境を効率的にする

WEEK 4

仕事をスピードアップさせる

WEEK
1
RHYTHM

1日のリズムを整える

WEEK 1
01

1日10分の「前業」で人生が加速する！

「自分だけの時間」を増やすために、まず考えるべきこと。それは生活リズムを整えることです。**「時間がない」「忙しい」「残業続き」という方の多くは、残業を前提とした生活リズムが習慣化してしまっています。**少しずつ、生活リズムを変えていきましょう。そこで、まずオススメしたいのが「前業」。これは、「残業時間の30分を、始業前に仕事をする30分に変えましょう」という提案です。

時間に追われ、毎日終電まで働いていた私が、自分の時間をもつために最初にやったことも、前業の習慣をつけることでした。

定時の9時に出勤してしばらくは、従業員からの報告や相談、顧客からのメール処理に追われ、気がつけば既にお昼。自分の仕事がこなせるのは午後から……。そんな毎日を変えるべく、前業を意識的に行うようにしました。最初にしたことは、「催促や問い合わせが来そうだ」という顧客に、先手を打って連絡や回答をすること。受け身で仕事をすると、1日のリズムが崩れてしまうので、**先手を打つ時間に「朝」を使ったわけです。**

その結果、従業員に対し、笑顔で余裕をもって接することができるようになりました。これが、私がダラダラ残業の日々から一歩前進するきっかけとなったのです。

前業をオススメする3つの理由

まず本来、定時（終業）以降の時間は、職場に拘束されない自分自身の時間です。それを**「残業」という形で職場に捧げるのを当たり前とするのは、もったいない**と思います。私は15時以降を「投資の時間」とし、本業以外のことや自分を豊かにすること（教養、新規ビジネス模索、趣味、家族サービス）にこの時間を使うと決めています。そして18時以降については、仕事は極力やりません。

そして2つ目、「前業」は残業よりも少ない時間で効率よく仕事ができます。始業前は訪問客も電話もなく、仕事が進みやすいことと、心や身体の疲労度が低いからです。そして何よりも**「始業までに〇〇をやる」と時間に限りがあることを強く意識す**

るので、残業よりもだらけにくく、その分仕事が早く終わります。

最後の3つ目は、職場の人たちや顧客に先がけて仕事をすることで、1日を自分のペースで送ることが可能になる、ということです。みなさんも「そろそろあのお客様から連絡がありそう」「今日あたり上司に『あの報告書はどうなってるの?』と聞かれそう」というカンが働くことがありますよね。出勤早々このカンが当たり、相手から連絡や問い合わせがあると、仕事のペースが乱されます。「前業」はこうしたとき、先手を打つのに使えます。**始業前にこちらから連絡を入れておいたり、要求されるであろう資料を送信しておけば、自分のペースを守ることができます。**

この「前業」、今私は3時間かけてやっていますが、みなさんが実践する際は、最初はムリのないよう10分でも20分でもいいので、始業前にちょっと仕事をするクセをつけることから始めてください。そうすると、その日のスタートダッシュの効きが明らかに違うことを実感できるでしょう。

✓ 1日10分の前業で、最高のスタートダッシュを!

図8　まずは1日10分！　「前業」を始めよう

✕ **残業は「いくらでも時間がある」と錯覚しやすい**

終電まで
4時間もあるな…

○ **前業をすると、「限られた時間を有効に使う」という意識が高まる**

始業まで30分。
集中しよう

WEEK 1
02

残業続きでも大丈夫！日常を変える3ステップ

「前業がいいのはわかったけど、忙しいし、朝早く起きるなんて……」という方もいらっしゃるはず。そこで、**ムリなく続けられる、前業のやり方**をお伝えします。

STEP 1

まずは始業15～20分前に出勤し、メール処理など、相手に先がけ「先手を打つ」ことに、時間を使ってみましょう。

STEP 2

前業に慣れてきたら、1週間～1カ月ごとに15分ずつ、前業時間を増やしていきましょう。1時間以上のまとまった時間を確保できるようになったら、企画書を書くなど、他に惑わされず集中したいクリエイティブ系の仕事に朝の時間を充てるようにしてみましょう。前業時間を増やしていくごとに、同じ時間だけ、夜の残業を減らしていきましょう。

STEP 3

2時間程度の早出が習慣化できるようになったところで、試しに始発に乗って6時頃に職場に着くようにしてみてください。ガラガラ電車は病みつきになりますよ。そして夜の残業は、この時点でバッサリ切り捨てるようにしましょう。今まで残業でこなしていたことは翌朝やるよう、ここでシフトチェンジです。

いかがでしょうか。**最初から「1時間早く起きよう！」と気負わず、10～20分ぐらい早起きすることから始めてください。**「前業する→仕事が進む→楽しい→続けたい」というループに入ることが最優先です。

✓ 焦らず少しずつ、心と身体を慣らしていく

RHYTHM

WEEK 1
03

残業をやめるためのマインド作り

前項で、前業のメリットと、習慣化する方法についてお話ししました。しかし、前業しても同じように残業していては、単純に労働時間が増えるだけです。残業を減らさなければいけません。しかし、残業が多い職場で定時退社するには勇気が必要です。実行に当たっては、大きく分けて2つの精神的障壁があります。それは**「周囲の目」と「働き方に対する考え方」**です。

周囲の目とは、「みんな残業してるのに、自分だけ先に帰るなんて……」という遠慮とも言えます。ただこの問題は、実は克服しやすいのです。

なぜなら、多くの人が「残業したくない」「早く帰りたい」という気持ちを奥底では抱えているからです。ただ、「お先に失礼します」と、先に言い出しにくいだけなのです。ではどうすれば、気まずくならずに、定時退社できるのでしょうか。

ポイントは2つ。**「与えられた仕事はきっちり終わらせる」「前業を習慣化し、『あいつは朝早くから仕事をしている』という印象を与える」**。ここをおさえておけば、最初は白い目で見られたとしても、じきに理解され、賛同者は必ず現れます。

「残業する＝真面目、美徳」ではない！

実は「周囲の目」よりも、2つ目のポイントである「働き方に対する考え方」のほうが、克服には時間がかかるかもしれません。**自分の中に染みついている意識の改革をしなければならない**からです。では「働き方に対する考え方」とは、何を指すのでしょうか。例を挙げます。

仕事が多いときなどに起こりがちなのですが、「どうしても今日のうちに、仕事を終わらせないと」という責任感から残業をしてしまう。これが仕事観、つまり、「働き方に対する考え方」と言えます。

私たちは基本的に真面目です。だから仕事が多いと、「自分さえがんばれば」とムリをしがちです。仕事に対する情熱があるのはすばらしいことなのですが、この考え方には、重要なことが忘れられています。

それは、「仕事は無限にある」ということです。みなさんは、社会に出てから今まで「仕事がなくなった」と、手持ち無沙汰で指示待ち状態になったことが、何回ありますか？　私は一度もありません。

つまり、「残業をする」と決めるから、私たちの仕事には終わりがないわけです。しかし、「残業をやめる」と決めれば、残業をしなくてもよくなります。

まやかしのようですが、つまり、「残業する」「残業しない」にかかわらず、仕事がゼロになることはありません。そこで、**今ある仕事の中から、本当に今日の終業時刻までに終わらせるべきもので、かつ、その時間内に終わらせることができる仕事の分量だけ、セレクトしてやるよう発想を変える**のです。

自分の時間をもつためのファーストステップ、「前業」を始めるにあたっては、「仕事は決してなくならない」ということを前提に、残業が真面目の象徴であり美徳であるという思い込みを捨て、早上がりする勇気をもちましょう。

✓ 思い切って、「残業しない」と決めてみる

図9　「残業すれば仕事が終わる」は大きな間違い

どんなにがんばって残業しても

「仕事がなくなる」ということはない

「定時までに何ができるか」
「定時までに何を終わらせるか」に
少しずつ意識を向ける

WEEK 1
04

残業代にしがみつくと、あなたの人生は狭くなる

「残業を減らしましょう」とお伝えすると、「残業代が収入の一部になっているので、なくなるのは困る」という反論が返ってくるかもしれません。

お気持ちはよくわかります。しかし、ここは目先の損得に惑わされず、私の話を聞いてください。

私は、深夜まで税理士業務に忙殺されていたときから、徐々に朝型にシフトし、定時（終業）以降を自分の時間と意識するようにしました。**「もっと自分のレベルを上げて、価値を高めていかないと」**という思いから、その時間をセミナー講師としての技量磨きや、顧客への情報提供のためのブログ執筆に充てるようにしたのです。

その結果、単価の高いセミナーの仕事を得ることができるようになりました。さらに、そのセミナーがきっかけとなり、専門誌から執筆依頼がきたり、ブログ経由で新

しい顧客が増えたりしました。そうして活動の幅が広がった結果、税理士としての時間単価アップにもつながったのです。

このように、経済状態が一時的に苦しくなっても、**自分の時間をもち、その時間をスキル向上や資格取得、あるいは人脈形成などに投資すれば、必ず目先の残業代以上の経済的効果を生み出します。**

サラリーマンの方でも同じことが言えるでしょう。また、あなたの職場の上司も「仕事の効率が悪く、残業代を多く申請してくる部下」と「短時間でしっかり成果を出す部下」であれば、どちらに、より大きな仕事を任せたいか、出世させたいかは、言うまでもないことだと思います。

「とはいえ、生活のために残業代は少し欲しい……」という方は、職場の人事や総務の担当者に聞いてみましょう。労働法規に則れば、前業、つまり早出であっても残業代はつけなくてはならないからです。

✓ 残業時間を自分磨きの時間に充てよう

WEEK 1
05

ムリなく続けられる早起きのポイントは「強制力」

前業をするには、当然ながらいつもより早起きをしなくてはなりません。その方法・考え方をここからお伝えしていきます。早起きを習慣化するには、「強制力」を自分に働かせるのが早道です。ポイントは3つあります。

①あえて、早上がりをする

まず私は、早起きを定着させるために「早上がり」を利用しました。

みなさん、旅行に行くのに「**朝6時の新幹線に乗らなくてはいけない！**」**と思えば、どんなに眠くてもがんばって起きますよね。その力を利用する**のです。

まず、「明日の朝までにやらなくてはならない」という仕事がある場合、残業したい気持ちをグッと抑えて「よし帰ろう！」と試しに早上がりをしてみてください。そ

図10　ムリなく続けられる早起きのポイント

定着のコツは「強制力」

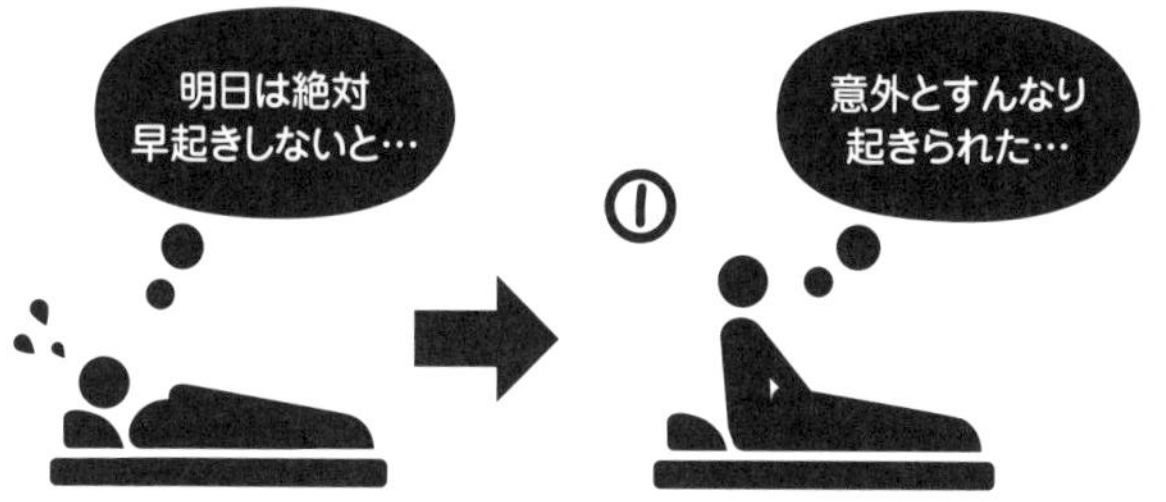
明日は絶対
早起きしないと…
意外とすんなり
起きられた…

して、その日はできるだけ早く寝ます。

そして次の日の朝、早出して、その仕事をやるようにしてみてください。きっと、どうしても起きずにはいられないはずです。

このように**「強制力」を借りれば、必ず目は覚めます。**

ただし、まだ慣れない頃に、重要すぎる仕事を朝の時間帯にもってきてしまうと、期限に間に合わず、たいへんなことになります。そのため、切羽詰まると手につかなくなるような仕事ではなく、旅費や交通費の精算、書類の打ち出しなど、ある程度時間の読める仕事から試してみるとよいでしょう。

②仕事を持ち帰らない

たとえ早上がりしたとしても、「朝早く起きることができないかも……」という思いから、保険をかける意味で「家で仕事を少しやろう」「土日でやろう」と、仕事を持ち帰ってしまってはいけません。

「仕事を持ち帰る」という行為自体が、夜、あるいは休日をあてにすることになり、「強制力」が働かなくなります。

「早起き→前業→残業ゼロ」の流れを阻害してしまいます。早起きの習慣をつけるためには、家で仕事をしたくなっても、そこはグッとこらえましょう。

③就寝時間が遅くなっても、翌朝早起きする

急な仕事で帰りが遅くなる。公私の飲み会などで、いつもより就寝時間が遅くなる。社会人としては避けられないことですね。

ちなみに、私は21時以降には極力予定を入れないようにしています。例えば、私の趣味はプロ野球観戦ですが、試合が終わると「祝勝会」と称して、観戦仲間との飲み会が始まるのですが、この会への参加は5試合のうち4試合は断るようにしています。

それは観戦が終わったらすぐ家に直行し、眠るためです。

とはいえ、5試合に1試合は気分がよくなり、会に参加するわけです。また仕事でも、納期を守るために、月に1回程度のペースで、現在も23時ぐらいまで仕事をすることがあります（これもゼロにすることを目指していますが）。

このように夜遅くなったとき、翌朝何時に起床するかというと、私は1～2時間遅らせることはせず、通常どおりの起床時間としています。**就寝時間が遅くなった翌朝に早起きすれば、その日の夜は、逆に早い時間帯に「コトン」と深い眠りにつくことができるからです。**そしてその次の朝には、爽快に早起きすることができます。

逆に、就寝時間が遅くなったからといって、起床時間をその分ずらせば、それが原因で生活のリズムが夜型になってしまいます。

最初はこの3つを心がけ、1週間ごとに10分ずつでも早く起き、前業する時間を増やすことから、始めてみてください。

早起きの習慣化には「強制力」が欠かせない

WEEK 1 06

早起きが楽しくなるモチベーションアップ法

早起きの一番のモチベーションになるのは、**「夜やりたいことを見つける」**ことです。私は、学生の頃に趣味だった野球観戦に、久しぶりに友人に誘われて球場に行ったことで情熱が再燃しました。「18時のプレーボールには、球場に行けるような生活を取り戻したい」。これが朝型生活を維持する大きなモチベーションとなりました。

このような趣味でもいいですし、習いごと、資格取得のための勉強、読書の時間、セミナーへの参加など、何か1つ「夜の時間を使ってこれを絶対にやりたい！」と心の底から欲するものを見つけてください。

早起き宣言で褒められよう

私にとって、早起きが完全に定着した大きなきっかけが、1つあります。

それは、税理士事務所の代表時代、早起きを始めて数カ月たった頃のことです。私が残業をやめ、朝早く来て仕事をしていることに薄々気づいた部下から「木村さんは何時に事務所に来てるんですか？」と聞かれました。何気なく「6時だよ」と答えると、その部下が「6時？　すごいですね!!」とたいへんな驚きようだったので、私のほうがびっくりしました。というのも、その部下は大人しい性格で、あまり感情が表に出ないからです。そんな彼にこれだけ驚かれたという事実に、私はなんだか気分がよくなり、これをきっかけに早起きが波に乗りました。

早起き生活を始めたら、ぜひ周囲に**「私は○時に起きます」「毎朝○時に出社します」と宣言**をしてみてください。

宣言が強制力になるという効果もありますが、「すごい！」「早起き、かっこいい！」と誰かに褒められたり、賞賛されたりすればしめたもの。その心地よさが、きっとあなたの早起きを後押ししてくれることでしょう。

✓ 早起きしたくなる「ワクワク」を自分で作り出そう

WEEK 1
07

眠りの質を上げる「夕食・入浴・就寝の最適バランス」とは？

ここからは、睡眠の質を少しでも上げる方法についてお伝えします。

質のよい眠りを手に入れるためにまず心がけたいことは、夕食・入浴・就寝の間隔です。よく「食事は寝る3時間前に摂ること」とか「消化のためにも食事と入浴の間隔はあけること」と言われています。そこで私は、**「身体が休まるのに最も効果的な食事・入浴・就寝のバランス（時間帯）があるはずだ」**と考え、顧客でもあるお医者さんに聞いてみたところ、

①食事は就寝3時間前にすませる
②食事と入浴の間は1時間以上あける
③入浴後、就寝までの間隔は1時間

これが理想とのことでした。さて、私は現在、朝4時に起きるため、22時までに眠ることを心がけています。そこから私の最適バランスを考えると、「18：30食事、20：30入浴、22：00就寝」ということになります。そこでこれを実践したところ、確かに寝つきはいいですし、身体の疲れも取れやすくなりました。

ただ、いきなりこれらを完璧に実践するのは「わかっちゃいるけど難しい」と思われることでしょう。そこで、**①〜③のうち、1つは必ず守ることから始めましょう。**

例えば私は、帰宅が就寝時間の22時前後のときは③が守れなくなるので、入浴は翌朝に回し、その夜はメイクだけ落として寝るようにしています。

23時に帰宅、午前1時就寝、というのが習慣化しているという方は、まず①を意識するところから始めましょう。残業が確定したら、真っ先に自宅に「今日は夕食はいらない」と電話をして、食事をすませるのです。「家族との絆のために、食事は自宅で摂るようにしています」という方は、②だけでも心がけるとよいでしょう。

✓ 自分に合った「夕食・入浴・就寝」の最適バランスを考える

WEEK 1 08

気持ちよく眠るための5つのコツ

「夕食、入浴、就寝」のバランスの次は、具体的な寝方の工夫についてお話しします。世の中には高価な寝具などをオススメする睡眠法もありますが、私が実践している寝方は、どれもこれも高価な物は利用していません。

①枕はフィット感が大事

枕がしっくり合えば、良質な睡眠の7割は達成されます。ただし、枕は高価な物や、他人の評価が高い物がいいかというと、そうではありません。私の友人などは「献血時に使う、あの硬いのが好きなんだよねぇ」と、医療関係の通販で医療枕を手に入れたほどです。

要は、フィッティングするものを選ぶことと、理想の枕に出合うまでは妥協しない

図11　睡眠の質を上げる布団の使い方

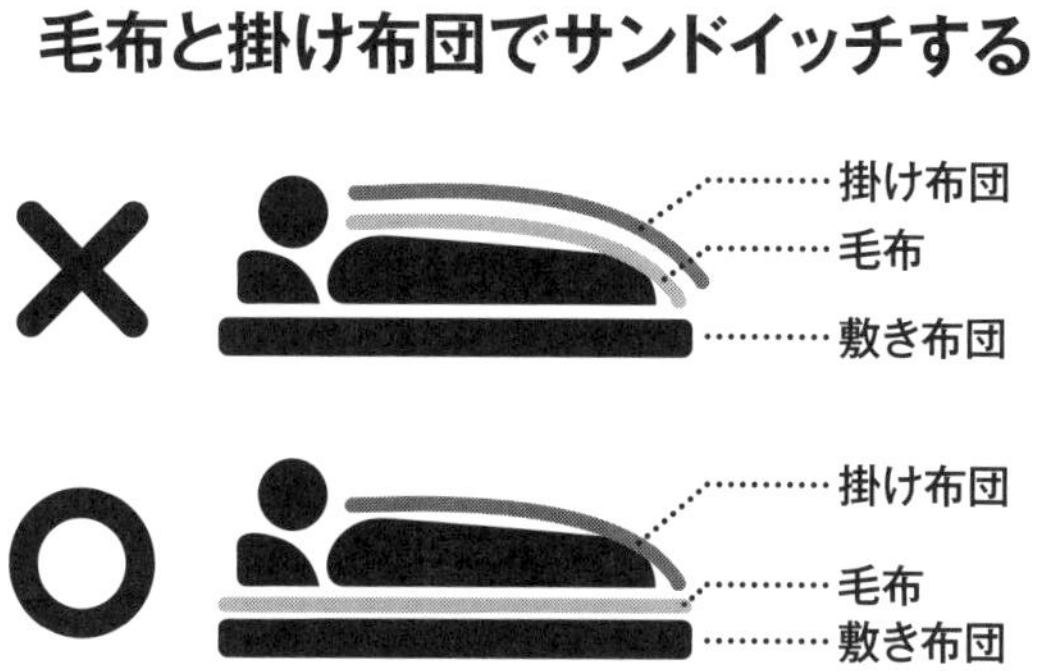
毛布と掛け布団でサンドイッチする
×
掛け布団
毛布
敷き布団
○
掛け布団
毛布
敷き布団

ことです。私がいき着いた枕は、無印良品の「ウレタンフォーム低反発モールドまくら 43×63㎝」。頭が少し沈むぐらいのやわらかさで、私の好みを考慮した上での選択でした。

②掛け布団の正しい使い方

掛け布団は、おそらく大半の方が間違ったかけ方をしています。私も寝具メーカーのウェブサイトのコラムで知ったときにはびっくりしました。

私はそれまでは、敷き布団の上に横たわり、自分の上に毛布、その上にさらに掛け布団、という順番で布団をかけて寝ていました。

ところが保温の効果が高いのは、その逆。「自分の上に掛け布団、その上に毛布」という順番だそうです。さらに、寒さが厳しくなったら、「毛布を下に敷き、掛け布団で自分をサンドイッチする」のが最も保温効果が高いそうです。

ちなみに、毛布を上にかける場合、毛布の重量が重すぎると、掛け布団がつぶれてしまうことによりかさが減り、同時に保温性も落ちるので気をつけてください。

③アロマテラピーは自分の好みで

私は自然なよい香りがするお花やお香が大好きで、職場にもアロマテラピーを取り入れています。眠る前に、アロマオイル数種の中から1つを選び、木製キューブに数滴垂らし、ベッドサイドに置きます。

アロマテラピーは「安眠には◯◯、ストレスには△△」などと、オイルの種類ごとに効能がありますが、私はその日の気分で「今夜のアロマ」を決めています。プロのセラピストの方から「嗅いでみて、ぴんとくる香りが、そのときに必要な香り」と伺ったので、そうしています。

④足を高くして、疲れを取る

1日中歩き回ったり、あるいは立ち仕事をずっとした日は、膝から下がパンパンになりませんか？　そのときにオススメの寝方がこれ。私は足元にも枕を置いて、足を乗せて寝ています。足の疲れを取るためです。調べてみたら、足を高くして眠るのは効果的で根拠もあるようです。足枕の高さは、10～15センチが最適とのこと。足のむくみや疲れに悩んでいるという方には、足枕をオススメします。

⑤身体によい湯たんぽも使おう

冬場は暖房や電気毛布だと肌が乾燥します。乾燥は風邪などにもよくありません。そこで私が使っているのが湯たんぽです。湯たんぽは、じんわり身体が温まり、ゆっくり温度が下がり、心地よい温かさが朝まで続くのでオススメです。

✓ ちょっとした工夫で、眠りの質は上げられる

WEEK 1
09

太陽の力を借りて、最高の目覚めを手に入れる

私はマンションの4階に住んでおり、人に覗かれない環境ということもあり実践しているのですが、カーテンを開けっぱなしにして寝ています。すると夏場には空が白み、夜が明ける4時頃に自然と起きることができます。冬場はその分苦労しますが、6〜7時頃には陽の光を浴びることで気分一新。このようにカーテンを開けておくと、自然の力を借りて活動モードに切り替えることが可能になります。

人間は目覚めたときに朝日などの「明るい光」が目に入ると、脳がそれを認識して体内時計をリセットし、その後14〜16時間後に眠くなるようセットされます。

この「明るい光」、残念ながら、室内のあかりをつけるだけではぜんぜん足りないとのこと。しかも、明るければ明るいほど覚醒の度合いが高くなるそうです。

そこでみなさんも、朝起きたらまずカーテンを全開に。レースカーテンと遮光カー

テンがあったとしたら、両方とも開けてしまいましょう。そして朝の光を浴びることを習慣化するのです。

そうすることで、**体内時計をリセットし、寝つきがよくなり、翌日の目覚めもよくなるという好循環**が確立されます。

「それでもまだ眠い」という場合は？

「カーテンを開けて陽の光を浴びたけど、それでも眠い」という方は、窓も開けて外気を取り入れてしまいましょう。

さらにそれでも起きられない……という方は、足の指をグーパーと閉じたり開いたりしてみてください。すると徐々に身体が動くようになり目も覚めます。おまじないのような方法ですが、これも私が数年来実践して効果を実感しています。騙されたと思ってまずはお試しください！

✓ 朝起きたら、カーテンを全開にしよう！

WEEK 1
10

寝起きの悪さに効くすごいアプリ

寝起きの悪さを解消するアプリ「Sleep Meister」をご紹介します。

睡眠の間、「浅い睡眠（レム睡眠）」と「深い睡眠（ノンレム睡眠）」を繰り返すのはご存じかと思います。スッキリした目覚めのためには、浅い睡眠（レム睡眠）のときに目を覚ます必要があるのです。眠りが浅いタイミングで起きることができればすぐに頭も冴え、スムーズに次の活動に移ることができます。このアプリは、**睡眠時の体動を検出し、指定した時間帯（30分刻み）の中で、眠りの浅いタイミングでアラームを鳴らしてくれる**というものです。

✓ Sleep Meisterを使ってみよう！

図12 「Sleep Meister」で寝起きスッキリ!

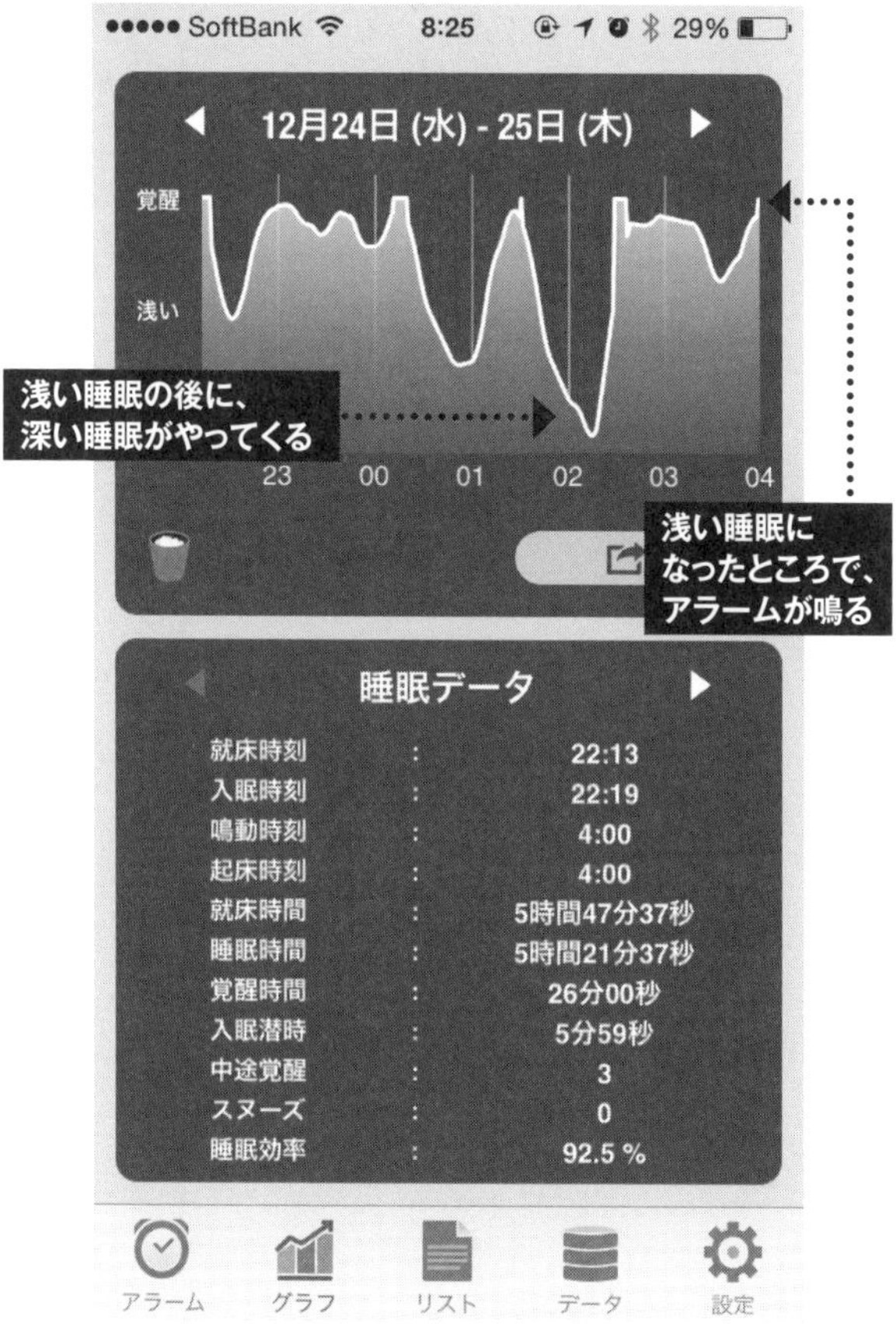

WEEK 1
11

15分の昼寝で効果的に疲れを取る

早起きと少し離れますが、睡眠つながりということで、昼寝の話です。昼寝は効率のよい休息法で、頭をリフレッシュし、創造力や知的能力を高めてくれます。

私は、今は1人で仕事をしていて、とがめる人が誰もいないので、午後、頭がぼーっとしてきて「どうしてもダメ」という事態になったら、15分だけタイマーをかけて眠っています。**目覚めたら非常に爽快で、集中力も回復しているのを実感**します。そのため顧客にも「昼寝のススメ」を説いています。

しかし、税理士法人の代表だった頃、部下に「昼寝OKのオフィスなんてどうだろう?」と提案したら、意外にも反応が芳しくありませんでした。どうも一般的に「昼寝(居眠り)=悪」という図式がしみついているようです。しかし、高校などでは「昼寝タイムを取り入れたら、学業成績に好影響」という事例もあるようです。職場での成功事例もそろそろ出てもいいのではないでしょうか。

といっても、一般的なサラリーマンの場合、昼寝を取り入れるには２つの壁があると思います。「どこで寝るのか？」という場所の問題と、「いつやるのか」という時間の問題です。

サラリーマンの場合は、**昼休みと外回りの移動時間を使う**しかありません。

まず昼休み。ランチを食べたら、だいたい同僚と喫茶店に行ってコーヒーを飲むか、おしゃべりをするかと思います。そういうコミュニケーションも大切ですが、少し変人に思われても「先に帰ります」と断って、職場で突っ伏して寝るようにする。

また、電車での移動中に眠るようにするのもかなり効果的です。税理士法人時代のビジネスパートナーは、一緒に外出すると、移動中に必ず眠っていました。理由を尋ねたところ「目を閉じるだけでも疲れの取れ方がぜんぜん違うのよ」とのこと。それから私も移動中はスマホいじりをやめ、目を閉じるようにしています。

✓ 目を閉じるだけでも、疲れが取れる

WEEK 1
12

「戦略的息抜き」で、徹底的に休む

私がまだ会社員だった頃、「休むのも仕事のうち」と経営者の方が言っているのを聞き、それは「遊んだり休んだりするための言い訳だろう」と思っていました。

しかし、自分がいざその立場になったとき、その言葉の意味を痛感しました。意識して時間を作り、睡眠の時間を捻出し、心や身体のメンテナンスをすることが、何かを継続していく上でとても大切なのです。というのも、社会人は、**パフォーマンスもモチベーションも、100点満点の80点くらいを、維持し続けていくことが大事だからです。100点満点の100点を出したとしても、がんばりすぎてパンクして、成績が一気に急降下してしまってはまずいのです。**

息抜きしたり、ぼーっとしたりすること自体は「悪」ではありません。ダラダラやるからいけないのです。やるのであれば、時間・曜日を決めて徹底的にやりましょう。

例えば私は、**「土曜日の朝だけは、目覚ましもかけずに無制限に寝る」**というのを「戦略的息抜き」としています。この日は前後の見境なく眠ると家族にも宣言しており、何にも邪魔されずぬくぬくと布団にくるまっている至福の時間があることで、他の日にがんばることができます。ただ眠れる、それだけですごく幸せで、週の終わりの充実感に満たされます。

ちなみになぜ土曜日の朝かというと、日曜日は平日に向けたウォーミングアップの日だからです。また、月曜日から金曜日まで働いていて一番疲れているのが土曜日なので、そのようにしています。

「戦略的息抜き」は、ダラダラ際限なく休まないために日時（頻度）を決めましょう。そして、とことん息抜きを満喫するためにも、徹底的に、**「休んでいるんだ」と意識して取る**ことをオススメします。「息抜きのために前もって仕事を終わらせよう」というモチベーションの源泉にもなり、仕事が前倒しで進むという効果もあります。

✓ ダラダラではなく、意識的に休む日を作ろう

RHYTHM

WEEK 1
13

超リアルで、超具体的な目標を決める

1週目では、1日のリズムを整えるために「前業、早起き、睡眠」についてお伝えしてきましたが、2週目に進む前に、ぜひやっていただきたいことがあるのです。

あなたがこの本を手に取られたということは、「自分の時間をもてるようになりたい、そして人生をもっと充実させたい」という願望があるからだと思います。

その願望を突き詰め、超リアルで、超具体的にしてほしいのです。私も自分の立て直しはそこから始めました。

「こんな私になるために、努力して税理士資格を取ったわけじゃない！」

↓

「じゃあ、どんな私になりたかったんだっけ？」

と、願望を具体化してみることから始めました。

なぜそうしたのかというと、自分の成功体験の1つである税理士試験合格の経験を思い出したからでした。受験のための専門学校の講師のある先生が、ユニークで、解説もわかりやすく大好きでした。ある日の授業中、その先生はこう仰いました。

「具体的にイメージできる人が勝つ」

〝税理士試験に合格する人には、1つの特徴があります。「立派な税理士になり、中小企業のために尽くしたい」といった抽象的な目標ではなく「青山に100㎡のオフィスをもって、従業員を30人くらい雇う！」とか「年収3000万で、○○という車を買うんだ！」という**具体的にイメージできる目標をもっている**。長年見ていても、そういう人のほうが合格しています。目標なんか最初は、不純でも下世話でもいいいんです。イメージをもてなきゃ、苦しい受験勉強にはついていけません！〟

私は、「いい話を聞いた！」と、自宅に帰るとすぐに、税理士になったら身につけたいブランドの服やバッグ、美しいオフィスのイメージ写真などを雑誌から切り抜き、コラージュして机の前に貼り、それを眺めながら勉強するようにしました。そのおかげもあり、高校や大学では勉強嫌いだった私が、働きながら比較的短期間で試験に合格できたように思います。再びそれを実行したわけです。

「1日を有意義に使えるようになりたい」というあいまいな思いだけでは、あなたの1日は27時間になりません。好きな家具に囲まれている暮し、楽しい仕事、カッコイイ服に身を包みイキイキと微笑む自分、大好きな友人と週末に海辺でバーベキューを楽しんでいる私。下世話に思えるかもしれませんが、そういったものをくっきりと浮かび上がらせることが、「1日を27時間にするプログラム」に着手するためには必要です。

「なぜ私は、こんな努力をしているんだっけ？」と、本書のプログラムを投げ出さないためにも、まず超リアル・超具体的な目標を定めてください。 最初は下世話でもいいのです。崇高な目標は、自分がバージョンアップしていけば、自然に見えてくるようになります。

✓ 自分の願望と向き合い、具体的な目標を立てる

図13　目標は具体的に。不純で下世話でもいい

WEEK 2

FLOW

仕事の
渋滞をなくす

WEEK 2
14

9割の人がハマる「仕事の渋滞」とは?

「がんばっているのに時間が足りない」「仕事が終わらず、今日も残業だ」という声をよく耳にします。その原因は「仕事の渋滞」にあります。2週目の目的は、まさにこの「仕事の渋滞」をなくすことなのです。まず「仕事の渋滞」とは何かをお話ししましょう。「仕事の渋滞」とは、次のような状態のことを指します。

・仕事をこなしても、量が減るどころかどんどん溜まっていく(量の問題)。
・仕事が思うように進まず、時間ばかりかかってしまう(速さの問題)。

仕事が思うように捗らず、滞っている状態に心当たりはありませんか。まさに、お盆や年末に車の「量」が増え、合流地点や事故現場があることで「速度」が落ち、車

図14　「仕事の渋滞」とは?

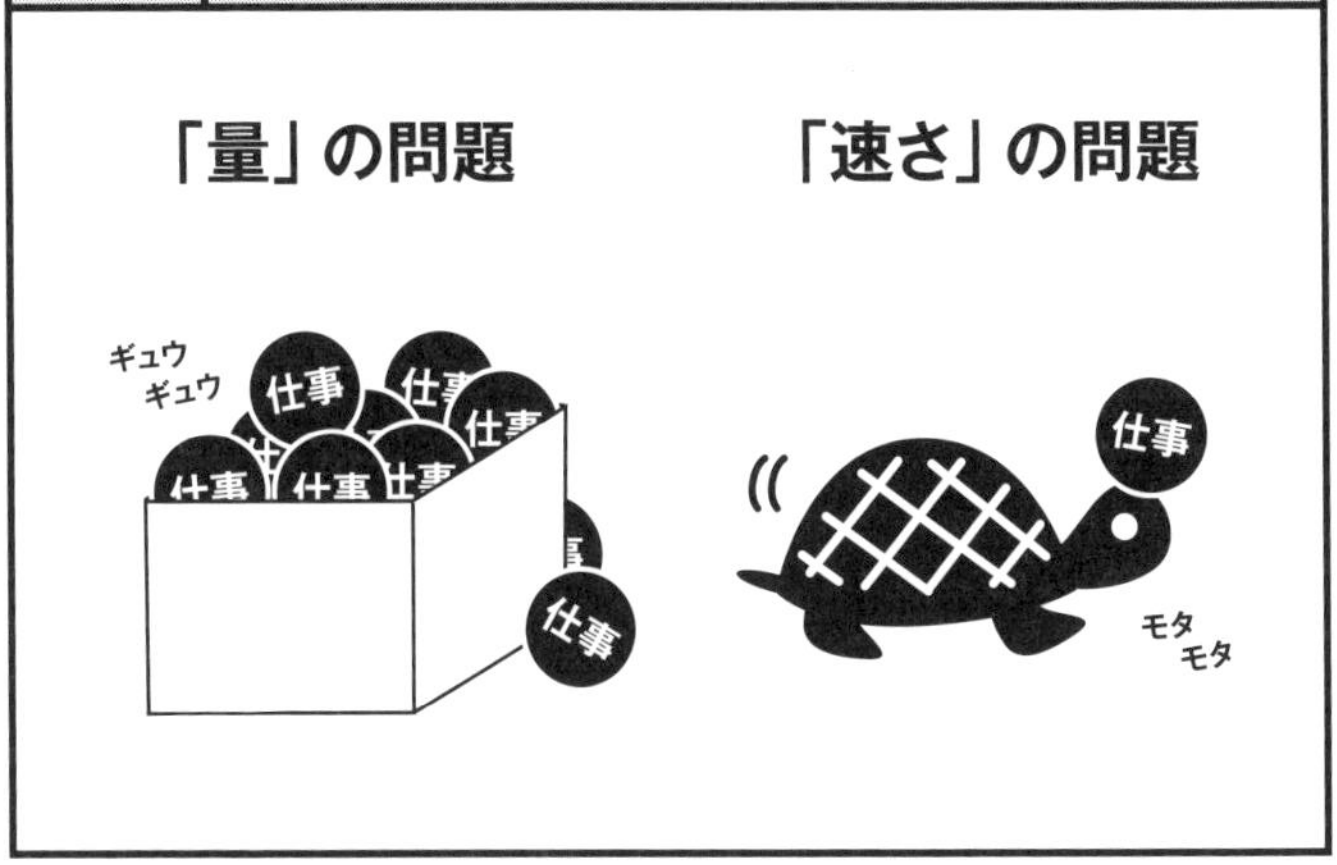

の渋滞が起きるがごとく、です。

まずは「あなたの渋滞度チェック」をしてみましょう。このチェック項目、あなたはいくつ当てはまりますか?

①日々仕事に追われている感じが強い

四方八方から仕事が降ってくるように感じたり、仕事を完了させても入ってくる仕事のほうが多いと感じたりしていませんか?

②自分がどういう仕事を抱えているのか、わからない

自分がやるべきことや依頼されていることを思い出そうとしても、すぐには浮かばなかったり、「あれ忘れてた!」とモレがある状態にありませんか?

③1日が終わったときに「今日は○○をしたぞ！」という達成感がない

上司や顧客からの催促や期限に追われ、ばたばたしているときなど、1日の仕事を終えて帰宅の途についているときに、ふと「今日1日、何をやったかな？」と思い出せない、達成感がないということはありませんか？　これは、仕事の流れを自分で作ることができず、期限や催促に追われ翻弄されている状態を表しています。

④書類や郵便物に囲まれている

私は経理や会計系の仕事なので特に感じるのですが、書類の流れと仕事の流れはリンクしています。仕事が流れていないと、必然的にそれに伴う書類などが溜まっていきます。「デスクまわりが片づかないなぁ……」と感じたら、それも「仕事の渋滞」のサインです。

⑤仕事を先送りしては、ラクになった気分になりホッとしている

仕事が溜まった場合、本来はその仕事をこなしていくことで仕事の詰まりを解消し、自分をラクにすべきなのですが、手に負えなくなると、上司や顧客に頼んで期限や締め切りを延ばしてもらうことで、自分をラクにしようとするようになります。

いかがでしょうか。1つぐらいは心当たりがありますか？　3つ以上ある方はかなりまずいです。早くその状態を解消しなくては、取引先や上司に迷惑をかけることにもなりかねません。

では、どうして「仕事の渋滞」が起きるのでしょうか。仕事の量が実際に多い（職場の人員不足、あるいはキャパシティ以上の仕事をふられる）場合もあるでしょうが、多くの場合、原因は次のような流れです。

「今、自分がやるべきことを把握・整理しきれていない」→「仕事量のコントロールを失い、仕事が徐々に滞り始める」→「段取りやスケジューリングが狂い始め、仕事が思ったように進まなくなる」

つまり**「仕事の渋滞」を引き起こす原因は、仕事のスケジューリング（整理・把握）の未熟さによるもの**なのです。

次項よりこの整理法についてお話しします。

✓ 5つのチェック項目をもう一度見直してみる

WEEK 2
15

仕事の質と速さは「順番」で決まる！

仕事の渋滞をなくす具体的な整理法の前に、1つお話ししておきたいことがあります。「**仕事の優先順位**」についてです。

スケジューリングなんていらない？

やるべきことがあふれ、仕事のやり方を試行錯誤していた頃、あまり深く考えずに、「飛び込んできた仕事から、順繰りにやればいい」と考えたことがあります。

しかし、この考え方は間違っていました。理由をお話しします。

依頼された仕事を、とにかく無条件に順繰りにこなしていけば段取りはラクです。

しかし例えば、「期限が1カ月後」のAという1日がかりの仕事を先に依頼され、次に、「期限が明日」のBという比較的短時間で終わる仕事を依頼されたとしましょう。

その場合、まず依頼順にAをやってしまえば、Bを着手する頃には定時を過ぎてしまい、残業せざるをえなくなってしまいます。

このように、優先順位と仕事のボリュームを考えずにやみくもに仕事をしていては、時間内に収まるものも収まらなくなってしまいます。仕事の優先順位は飛び込んできた順番でつけてはいけません。

仕事は「締め切り日順」でやる

仕事は締め切り日の順番でやるべきです。

ほとんどの仕事には期限（納期）があります。そこで私は、必ず締め切り日を確認し、特に締め切り日がなければ締め切り日を自分で設定し、その締め切り日順にまず仕事を並べ、その順番で着手をすることを原則としています。

優先順位をつけないことの弊害はもう1つあります。複数の仕事が立て続けに入ってしまうと、相互の仕事が気になってしまい、その結果、仕事に集中できず、非効率を起こし、ミスを生み出す要因ともなります。

図15　「仕事の優先順位」を意識する

大切な2つのポイント

このように**「仕事の優先順位」は、仕事の速さはもちろん、クオリティーにも大きくかかわってくる**のです。

そこで私は、仕事の質を落とさず、かつスピードを上げるために、次の2つを強く意識するようになりました。

・仕事が溜まってきたとき、慌てずに、1つひとつの仕事を見失わず、優先順位を見極める仕組みを作る。

・目の前の仕事を1つひとつ片づけていくことが、「急がば回れ」でとても大切なので、そのための環境を作る。

早上がりの第一歩！

そうすると、仕事のやる順番を工夫する（優先順位を締め切り順とする）だけで、30分から1時間は早上がりできることに気がつきました。まさに、仕事の順番を間違えないことが、早上がりの第一歩だったのです。

次項からお話しする「仕事の渋滞をなくす」ための方法はもちろん、3週目、4週目の目的も、結局は、この2つを達成するためだけにあるといっても過言ではありません。これから本書を読み進めていただくに当たって、頭の片隅に入れておいてください。

✓ 今まで以上に仕事の「順番」を意識する

WEEK 2
16

「月単位→週単位」での鳥の目管理法をマスター

仕事の渋滞をなくすには、まず「仕事の整理」をしなくてはいけません。

「今、自分のやることがわからなくて困っている」「いろいろなことを依頼されて、ごちゃごちゃになっている」という方は、仕事が休みの週末などに、**自分が今やらなくてはならないことを、具体的にすべて紙に書き出してください。**

そして、その期限を1つずつ明確にしてください。

7年前の夏休み、私もやってみました。誰もいない職場に籠り、ひたすら自分の仕事のたな卸しをしてみたのです。

いざやってみると、やるべきことは案外少なくて安心するものです。ノートに1行ずつやるべきことを書いていけば、1冊くらい余裕でぎっしりになるかと思っていたら、意外や意外、3~4ページ分に落ち着き、拍子抜けしたものです。

マンスリーダイアリーとウィークリーダイアリーを活用！

次に用意するのは、マンスリーダイアリー（手帳）です。

仕事の管理は**週単位、月単位の予定を、上空から景色を眺める鳥のごとく「俯瞰」することが大切**だと考えています。目でぱっと見て、仕事の量と締め切りを感覚的につかむことは、デジタルツールだとなかなか難しいのです。そのため、私は紙のマンスリーダイアリーを使っています。ドライブをするとき、行き先がぼんやりしているより、手元に地図があり、視界が先に開けているほうが安心ですよね。それと同じことです。

たな卸しした仕事を、見開き1カ月のマンスリーダイアリーに1つひとつ転記していきましょう。この段階では、その仕事は締め切り日を基準として記入していきます。以後、社内・社外から仕事を依頼されるごとに、締め切り日に新しい仕事を記入していきます。ちなみにマンスリーダイアリーに記入するのは「締め切りが翌週以降のもの」です。その週のうちに対応すべきことが出てきたら、次にお話しするウィークリーダイアリーに直接書き込みましょう。

週単位で「やるべきこと」をしっかり確認

そして**毎週日曜日の夜、このマンスリーダイアリーを見ながら、月曜日から次の日曜日までにやるべきことをプランニングし、ウィークリーダイアリーに移行するよう**にしています。

その後、月曜日から土曜日の間も仕事をマンスリーダイアリーに追加するたびに、今後のやるべきことをさっと見渡すようにしていますが、集中してマンスリーダイアリーを見るのは日曜日の夜だけです。このときに、もしもその週のウィークリーダイアリー内に仕事のやり残しがあれば、翌週に必ず移すようにしてください。

ちなみに手帳は、「ほぼ日手帳」の『カズン』を使っています。この『カズン』は1冊に、マンスリーダイアリーとウィークリーダイアリーがまとまっているため、私のタスク管理にぴったりだからです。

✓ 自分の予定を俯瞰してとらえよう

図16　「月単位→週単位」による鳥の目管理法

STEP 1
自分のやるべきことを紙に書き出す

STEP 2
締め切り日を基準に、マンスリーダイアリーに予定を書き込む

STEP 3
毎週日曜日の夜に、マンスリーダイアリーを見ながら、ウィークリーダイアリーに、月～土曜日の予定を書き込む

WEEK 2
17

「1日をデザイン」できれば、毎日がもっと楽しくなる

さて、いよいよ今日の仕事がスタートするというとき、最初に私が行うことが、「1日のデザイン」です。「1日をデザインする」と言っても、イメージがわきにくいかもしれませんね。例を挙げます。

小学校の夏休みのときなど、朝起きてから夜寝るまでの行動予定表を作った経験はないでしょうか。「1日のデザイン」とは、このいわば大人版です。**1日を漠然と過ごすのではなく、どう過ごしたいのかを考え、書く。**理想的な1日を過ごすためのイメージトレーニングというわけです。

みなさんも、忙しいときや仕事が詰まっているときなどは、出勤前に、「午前中には○○をやって、午後には××を……」と1日の行動予定を、知らず知らずのうちに頭の中に立てていませんか。

私がオススメしたいのは、これを目に見えるようにすること（可視化）と、かつ毎朝の習慣とすることです。

まず、「1日をこう過ごしたい」というガイドラインを考えてください。75ページに私の例を載せておきました。

仕事だけではなく、プライベートも！

「環境整備の時間」「本業の時間」など、時間帯ごとに大まかなテーマを設定しましょう。仕事のみではなく、プライベートな時間も含めてください。**1日は仕事だけではなく、プライベートも含めて完成されるものだからです。**

例えば、営業職の方であれば、「8～9時：前業でメール処理をする」「9～12時：企画書作成など頭を使う仕事をする」「13～15時：得意先をまわる」「15～17時：報告書、日報をまとめる」「17～18時：明日の準備をして退社」「18～22時：スキルアップと家族孝行の時間」といったイメージです。

みなさんもうっすらと「この時間帯には、資格取得のための勉強をしたい」「ここは家族と触れ合う時間帯にしたい」など、大まかな理想像があるかと思います。それをある程度固め、極力その時間帯には他のことをしないよう、日々のプランニングをする際の指針を作るのです。

ウィークリーダイアリーには、前項でお話ししたように、すでに日曜日の夜に記入したその週の仕事が落とし込んであります。その仕事と、その日のアポイントメント(人との約束)をもとに、今日をどう過ごそうかと、毎朝「デザイン」してください。

私はウィークリーダイアリーの朝6時から24時までの欄を使って、そこに「9時〜12時:A社月次」「12時〜13時:ランチ」と、その日のプランを書き込みます。

ただし、先にお話ししたガイドラインは目安にはしますが、あまりガチガチに考えてはいません。**1週間の中でバランスを取るように考えましょう。**

例えば私のケースでいうと、月曜日にどうしても「本業」に9時から18時まで取られてしまうという場合には、その後、その週のどこかで「執筆」を12時から18時まで行うようにする、といった具合で調整をしています。

✓「理想的な1日」を具体的にイメージしてから、1日をスタートさせる

図17　1日のガイドラインを作ろう

POINT 「1日の理想的な過ごし方」を決めておく

[筆者のある1日の例]

6～7時：環境整備の時間 ◀……テーマを自分で設定する

事務所の清掃をしたり、
メールチェックや郵便物の整理をしたりと、
1日の弾みをつける時間帯

7～9時：アウトプット・インプットの時間

情報収集、
ブログやホームページ更新の時間帯

9～15時：本業の時間

本業である税理士の仕事をする時間帯

15～18時：仕事への投資の時間

新しい仕事のアイデアを考えたり、
執筆やセミナーのレジメを作成する時間帯（ときには、趣味の時間に充てることも）

18～22時：自分への投資の時間 ◀…仕事だけではなく、プライベートな時間も含める

趣味、家事、
家族との団らんの時間帯

WEEK 2
18

「自分締め切り」を作り、仕事を追いかける

「締め切り」についてお話しします。あなたは締め切り前に、余裕をもって仕事を終わらせるタイプですか？　それとも、締め切りギリギリで仕事を終わらせるタイプですか？

まず、「仕事って、なぜか締め切り（期限）までに終わるよね」という不思議な経験を、みなさん一度は味わっていることでしょう。

仕事とは、定められた期限まで膨張してしまう、と言われています。なぜなら人間は「○月○日が期限だ」と思うと、無意識にそこまでに終わるようなペース配分をしてしまうものだからです。私も一時期、優先順位をつけることと期限管理がいきすぎたあまり、締め切り期限や納期キッチリに仕事を割り振り、しかもその「期限」をモチベーションの源泉にしてしまっていました。いわゆる「お尻に火がつくまで何もで

図18 「締め切りギリギリ達成」は麻薬と同じ

図19　締め切りを前倒しして、自分を追い込む

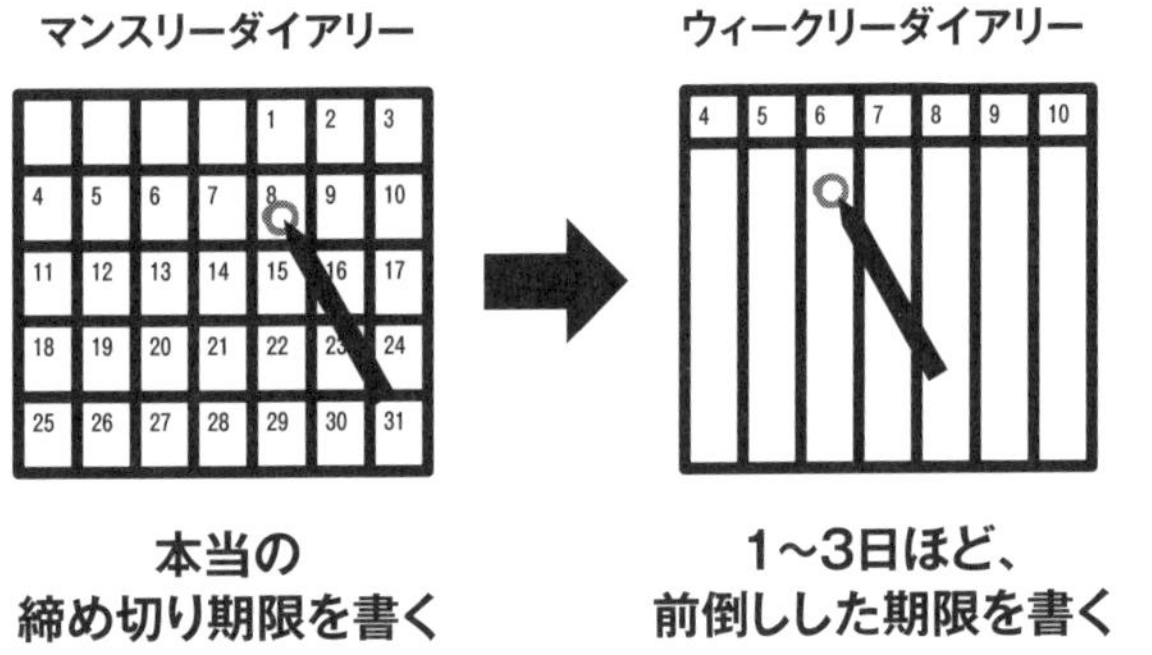

きない」というタイプになってしまったわけです。

　ところが、お尻に火がついたら仕事をするということを繰り返していると、「時間に追われている感じ」からくる苦痛が半端ではありません。しかも、期限ギリギリに仕事をする常習犯だったので、顧客も気が気でなかったのでしょう。間際になると、催促の連絡が入ることもしばしばでした。催促は心理的プレッシャーにもなりますが、進捗状況を報告する必要が出てくるなど、時間が奪われる要因にもなります。

　そこで、締め切りとは別に自分の期限、つまり**「自分締め切り」を作り、そこを**

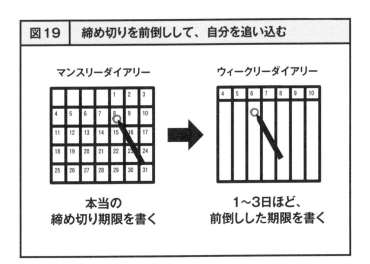

ゴールにするよう心がけることを試してみました。「自分締め切り」とは、相手と約束した締切り期限を1～3日前倒ししたものです。するとまず、顧客からの締め切り間際の督促がなくなりました。

また締め切りを前倒しにすることで、その仕事に余裕をもって対応できるだけでなく、突発的に予定外の急ぎの案件を頼まれても、引き受けることができるようになりました。

このように本来の締め切りを前倒しした「自分締め切り」を設けることで、「時間に追われるのではなく、時間を飛び越す人」になることができたのです。

最後に、自分締め切りの具体的な設定方法をお話しします。マンスリーダイアリーには、締め切り日を基準に仕事を記入すべきとお伝えしました。しかし、ウィークリーダイアリーには、1～3日ほど前倒しした自分締め切りの日付に、その仕事を記入します。**偽の期限で自分を騙し、自分を追い込んでいる**わけです。

✓ 他者から与えられた締め切り日ではなく、自分の中での期限をもつ

常に仕事に追われる

図20 「鳥の目管理法」と「自分締め切り」で仕事の渋滞をなくす

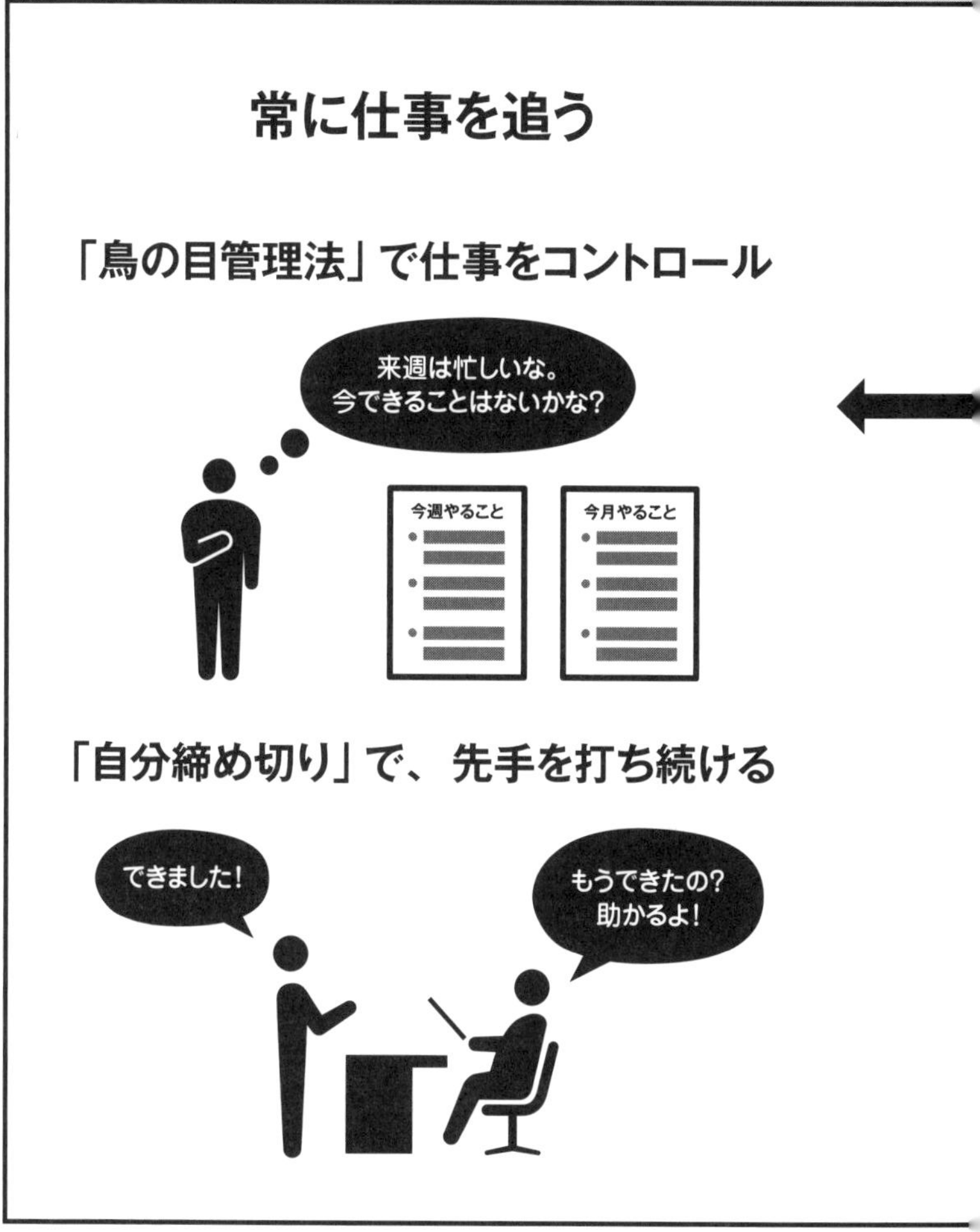

常に仕事を追う
「鳥の目管理法」で仕事をコントロール
来週は忙しいな。
今できることはないかな?
今週やること
今月やること
「自分締め切り」で、先手を打ち続ける
できました!
もうできたの?
助かるよ!

WEEK 2
19

70点のボールを、納期7分目で投げる

仕事の渋滞をなくすための基本的な方法についてお伝えしてきました。ここからは、仕事の渋滞を起こしにくくし、「仕事の流れをスムーズにする」ための心がまえについてお話しします。

まずは、仕事の流れを阻害している習慣や、心理的要因を取り去ることから始めていきましょう。

仕事とは、社内・社外問わず相手との「キャッチボール」で成り立っています。「これで相手も納得してくれるに違いない！」と、納品や回答、書類作成をしても、意図が違っていたり、自己満足だったりする場合が往々にしてあります。もしその時点で、納期間近だとしたら、相手には迷惑をかけるし、「仕事の遅い人だ」というレッテルを貼られることにもなりかねません。**「完璧にできない完璧主義者」**ほど、

仕事の上でたちが悪い人はいません。6〜8割くらい仕上げた段階でまずはボールを投げてみましょう。

早ければ早いほど、仕事の質が上がる

この「第一球」、早ければ早いほど、相手は喜んでくれます。打ち合わせ直後から「こんな感じでどうでしょうか？」と相談や報告をしたり、アウトラインを提示したりしましょう。そうすると、**早い段階で意見を交わすことができ、仕上げる上でも余裕ができるので、相手は喜びますし、お互いによりよい仕事をすることができます。**その結果「あの人とは仕事がしやすかった」と、評価が高まったり、自営の方であればリピート発注につながったりします。

しかし、「君に任せるから」という場合は、あまりこまめにボールを投げすぎるのも問題です。相手に「どの程度の頻度で報告・相談すべきか」を確認しましょう。「ざっくりできたところで見せて」と言われた場合は、おおむね7割くらいの完成度の時点で、かつ納期も7分目くらいのところで、提示することをオススメします。

例えば、今日（12月1日）に12月20日納期の原稿を依頼されたとしたら、12月14日

図21　70点のボールを早く投げよう!

CASE　12月1日に、
12月20日締め切りの仕事を依頼された場合

12月14日（作業期間の70%経過日）

一度お目通しください

その後フィードバックをもらい、納期前に完成できればベスト!

（作業期間の70%経過）時点で7～8割の完成度を目指し、その時点での仕上がり状況を見せることができると、相手にとってもありがたいでしょう（かつ、納期前倒しで12月16～19日あたりで完成・納品できたら、ベストです）。

私は、6～8割の完成度で相手に投げるということが、なかなかできませんでした。というのも、税理士の仕事というのは、申告書を出すときには完璧でなくてはなりません。そのクセがあったので、コンサルティングや執筆、講演会などの本来の税理士業務とは異質の仕事でも完璧を期するあまり、期限ギリギリまで引っ張ってしまうことで、苦情やお叱りをいただくことがありました。

例えば、編集者と協調して作らなくてはいけない実務雑誌での執筆の際、期限当日に原稿を送ったら、なんと同じ号の他の執筆者と、ほとんど同じ題材で原稿を書いていたことがわかったのです。そのときは徹夜で書き直すことになりました。その日に予定していた他の仕事もキャンセルすることになったのです。

そうしたことに懲りて、期限前倒しを心がけるようにしました。先日、セミナー講師の仕事をする際に、セミナー開催1週間前にレジメを送付すべきところ、2週間前に送付しました。すると主催者の方から「今回の参加者は中小企業経営者の方だけでなく一般の方も多いので、もう少しやさしい表現で解説していただけませんか?」と、注文をいただき、そこから再考してレジメを完成させたところ、セミナー終了後に大きな拍手をいただくことができました。**短納期は自分だけでなく、相手にもゆとりをもたらすので喜ばれる**のです。

✓「満点の仕事」を目指さず、70点でいったんボールを投げるつもりで

WEEK 2
20

嫌な仕事を手早く片づける3つのコツ

私自身、気の乗らない仕事を、つい先送りするクセがありました。そしてあるとき、先送りしてしまう原因に気づいたのです。

気の乗らない仕事とは、短時間で完成しない・成果が上がらない仕事であることが多かったのです。例えば、7時間で終わる仕事があったとき、「7時間確保できる日」でないと、その仕事をする気が起きなかったのです。

そんな腰の重い私にとって、転機となる出来事がありました。それは、専門書をチームで執筆するという仕事をしたときのことです。メンバーの中でも当時年少で、知識も経験も乏しかった私は、自分が担当したパートをなかなか書くことができませんでした。やっとのことで書き出し部分を仕上げ、おそるおそるリーダーに進捗報告をしたとき、そのリーダーは「偉大なる一歩だ!!」と私に言ってくれたのです。

①少しでもいいから、まずやってみる

この言葉に「はっ」としました。千里の道も一歩から始まります。着手しなければ、ずっとその仕事は完成に近づきません。

逆に少しでも進めていけば、必ず昨日より今日、今日より明日と、完成に近づくことができるのです。

これに気がついてから、長い時間がかかる案件やプロジェクトについては、「今日は、その案件にかかわる郵便物を開封し、中身を確認するだけでよし」「今日は、データを整理するためのＥｘｃｅｌのフォーマットを作るだけでよし」などと、とにかく、何か少しでも着手したり、ちょっとでも進めることができれば「偉大なる一歩だ！」と考えることにしました。

まずは**なんでもいいので、一歩先に進むことだけを自分に課してみましょう。**ちりが積もってゴールが見えてくれば、その仕事は次第に、気の乗らない仕事ではなくなってくるはずです。

②仕事を細かいタスクに分けてみる

少しでもいいから進めるためにも、大きな仕事は細かいタスク（仕事を構成する1つひとつの作業）に分けることが重要です。1〜2時間で終わる仕事であれば、そのままダイアリーに書きますが、それ以上時間がかかる仕事の場合、1時間程度の固まりにバラして書くようにしています。例えば「セミナーのレジメを作成する」という仕事が発生したとします。これだけだと、今までの経験から6時間はかかる気の重い作業です。この作業を細かなタスクに分類するのです。

「アイデア出しをする」「アウトラインを書く」「資料収集する」「下書きをする」「図表を作る」「見直しをしながら清書する」

こんなふうに1時間程度の6つのタスクに分けます。そして、締め切りが10月9日だったとしたら、10月2日から10月9日までの6営業日間のマンスリーダイアリーに落とし込むようにするのです。仕事が混み合っている場合には、落とし込む日程の間隔をもう少し広く取るようにしましょう。6時間の仕事だと思うと気が重くなりますが、**1時間のタスクが6つだと思うと少しは気がラクになりますよね。**

③ハードルを下げる

ハードルを下げることも効果があります。先にお話しした「(その案件に関する)郵便物を開封し、中身を確認するだけでよし」などはその一例です。タイマーをかけて「とにかく5分だけでもやってみる」ようにするのも効果があります。

とにかく、**気が重い仕事、嫌な仕事は、着手もせずに後まわしにするから、どんどん嫌になる**のです。これが仕事の流れを阻害する要因にもなります。

例えば頼まれごとは、依頼された後すぐにやるほうが、打ち合わせの内容や依頼者の意向が脳にしみついていますし、資料も手元にあるので、対処しやすいもの。いざ手をつけたら、案ずるより産むが易しで、あっけなく終わってしまうこともあります。逆にこれを放置しておくと、記憶は薄れ、資料はバラバラになり、どんどん「取り掛かるのが嫌だ」と、めんどうに感じる要因が増えてしまいます。

✓「完了」に重きを置かず、「進める」ことに注力する

WEEK 2
21

現実逃避アクションを「アメとムチ」の「アメ」にする

仕事の合間に次のようなことを、ついついやっていませんか？

・ネットサーフィンやＳＮＳ（Facebook、LINEやTwitter）をする。
・雑誌や本を読んでしまう。
・今やっている仕事とは別の仕事が気になる。
・仲のよい取引先に御用聞きを装って電話し、雑談する。
・意味なく、デスクの掃除や書類整理をする。

こうした現実逃避ともいえる行動。完全に禁止すればいいかというと、私はそうは思いません。人は仕事を数時間続けていると、自ずと心と身体のスタミナが尽きてしまいます。その心と身体のスタミナを補充するものが現実逃避だと、私は思っています。むしろ、**現実逃避をうまく仕事の合間に「ごほうび」として取り入れることで、逆に生産性を上げることも可能**です。私は、現実逃避を意図的に、アメとムチの「アメ」として、仕事の合間に、次のように組み込むようにしています。

・お茶やコーヒーはとびっきり美味しい物を用意し、仕事を完了させるたびに、それらを飲むことを自分に許可する。
・今日1日の決められた仕事を日没前に完了したら、大好きなビールを「1人打ち上げ」と称して飲むことを自分に許可する。
・最初に、少し気乗りのしない仕事や困難な仕事をするようにして、それが終わったら好きな仕事や得意な仕事をやるようにする。

✓ ルールを決め、あえて「現実逃避」しよう

WEEK 2
22

集中力を持続させる上手な休憩法

先ほどの現実逃避の話は、いわゆる「怠け癖のある人」向けのお話でした。

ところで、「私は怠けたりなんかしません」という方でも、仕事に集中しているときに、ふっと力が抜けて、「ぼーっ」としてしまうことはありませんか?

例えば、「2~3時間経過したところで進捗度を振り返ってみたところ、仕事があまり先に進んでいなくて愕然としてしまう」とか、「調べ物をしていて文献などを読んでいるのだけど、読んでも読んでも頭に入ってこない」とか、そういった状態です。

この状態は、自覚するのが意外に難しく、知らない間に陥ってしまい、時間がどんどん過ぎ去ってしまう厄介なものです。

そこで私は、次の2つを実践しています。

①「ぼーっ」とする時間を、前もって決めておく

1日にやることを「デザイン」し、実行している私ですが、**仕事中に「ぼーっ」とする時間を午前に15分、午後に15分予定に入れています。**午前と午後まとめて、夕方に30分散歩に行く、ということもあります。

また、仕事以外のプライベートな時間でも、家事や自己啓発のための時間以外に、1時間ほど、「ぼーっ」とするための自由時間を設けています。「自由時間」なので、趣味に没頭したり、友人や家族との談笑に使ったりすることもありますが、どうしようもなく疲れたときなどは休息する時間に充てたりもしています。

このリフレッシュタイムがあるからこそ、その他の時間は仕事や家事に没頭することが可能になっているように感じています。

②ポモドーロテクニックを取り入れる

ポモドーロテクニックとは「25分間仕事に集中→5分間休憩→25分間仕事に集中→5分間休憩……」を繰り返すことで、目の前の業務に集中でき、しかも集中力が切れ

ないという仕事術です。『アジャイルな時間管理術 ポモドーロテクニック入門』（Staffan Noeteberg著、渋川よしき／渋川あき訳、アスキー・メディアワークス刊）という本の中で具体的な手法が紹介されています。

私はこの本を読んでから実際にポモドーロテクニックを仕事に取り入れ、すでに5年近くになります。ポモドーロテクニックと出合うまでは、2～3時間仕事をするとバテてしまい、それ以降の時間帯は惰性で仕事をしてしまうので、1日の仕事時間の半分以上は生産性が落ちていました。

ところがこの**「25分（集中）・5分（休憩）・25分（集中）・5分（休憩）」のリズムで仕事をすると、7～8時間はぶっ通しで、集中力を持続したまま仕事を続けることができます。**特にポモドーロテクニックは、会計入力作業や執筆などのデスクワークに向いているので、私の仕事内容と相性がいいのでしょう。

「25分と5分をどう計測しているの？ 時計を気にしていたら、仕事に集中できないのでは？」と思われるかもしれませんね。実は、ポモドーロテクニック専用のタイマーアプリがあるので、それを使用しています。スマートフォン用もパソコン用もあり、25分・5分ごとに「チリリン」とベルの音が鳴ります。

「集中→リラックス」を交互に繰り返す

営業や接客業など、ポモドーロテクニックは職種的に向いていないという人もいらっしゃるかもしれません。しかしポイントとしては「集中→リラックス」を交互に繰り返すということですので、応用は可能です。

計画的な休息を仕事の合間に取ることは、一見、仕事の時間が減るように感じるかもしれません。**しかし、休息を取ることで、集中力が持続し、「ぼーっ」としなくてすむようになり、逆に、1日にこなせる仕事の量がグンと増えます。**

騙されたと思って、仕事や勉強、根を詰めてやらなくてはいけない家事などに取り入れてみてください。その成果をすぐに実感できることでしょう。

✓ **集中力維持のために、休息を上手に取る**

WEEK 3

ENVIRONMENT

仕事環境を効率的にする

ENVIRONMENT

WEEK 3
23

1年で150時間！「物を探す時間」から解放されよう

2週目で、仕事が進まない最大の原因である「仕事の渋滞」を解消すべく、仕事の整理をし、仕事の流れを作るための心がまえをお伝えしました。3週目と4週目はいよいよ、仕事のスピードアップに着手していきます。

3週目のテーマは、**整理整頓を主とした効率的な仕事環境作り**です。

仕事のスピードアップに欠かせないもの

しかしそもそも、1日を27時間にするために、そして仕事のスピードアップのために、どうして整理整頓が必要なのでしょうか？　なぜなら、探し物がすぐ見つかればいいのですが、見つからない場合、それを探すことになってしまいます。さらには周囲の人に、「○○がどこにあるかわかりませんか？」と尋ねることになれば、他の人の業務まで中断させてしまうわけです。たとえ1分でも、何度もあれば、たいへんな時間泥棒になるでしょう。

『気がつくと机がぐちゃぐちゃになっているあなたへ』（リズ・ダベンポート著、平石律子訳、ソフトバンククリエイティブ）という本があるのですが、この本によると平均的なビジネスマンは、なんと探し物をするためだけに、**1年間で約150時間を**費やしているそうです。150時間とは、1カ月間の労働時間に相当します。しかし、平均的なビジネスマンが150時間かけているということは、**今まで無頓着だった人ほど、工夫をすれば、その時間は必ず減らすことができるということです。**

これからお話しすることは、さまざまな整理術から取捨選択し、今の私が実践している「物を探す時間」をなくすための秘訣です。物だけでなく、データの管理も同じです。法則性と一貫性をもてば、データを探すことにも時間がかからなくなります。これから紹介する方法を実践することで、1日の仕事時間が1時間は減るはずです。

✓ 「物を探す時間」をなくす工夫を、とことんする

「できる人」と「整理整頓好き」はまったく違う

整理整頓は、仕事をスムーズに行うために**「最小限のことを」「毎日」「少しずつやる」のがコツ**です。単なる「整理整頓好きな人」は、一般に「几帳面」と、周囲からもプラスの評価を受けがちですが、実情は違います。90ページでもお話ししたとおり、掃除・整理整頓は、本来の仕事や目の前のやるべきことから逃げるときの「現実逃避」の道具にされやすいのです。仕事ができる人ほど、「仕事をスムーズに行うための環境整備」と心得て、かける時間も最小限にしています。**整理整頓はつい時間をかけすぎ、仕事を「やったつもり」になってしまう魔の仕事です。**

✓ **整理整頓は「最小限のことを」「毎日」「少しずつやる」**

図22 「整理整頓好き」になっていませんか?

できる人	時間帯を決め、かける時間も限定した上で、整理整頓をしている
	整理整頓の時間を、「仕事を効率的に行うための時間」と決めている
	整理整頓を「仕事をスムーズに行うための環境整備」と心得ている
	仕事の妨げになったり、気が散るようなグッズは、置かない。もち物は最小限
	整理整頓は毎日少しずつ
単なる整理整頓好き	気がつけば1日、デスクの整理整頓をして終わっていた
	整理整頓をしているうちに、思い出の品を懐かしんだり、昔の書類を読みふけったりしてしまう
	整理整頓を、仕事をしているフリや現実逃避の手段にしている。それを意識せず、仕事をしているつもりになっている
	デスクまわりに自分の趣味に合う物をディスプレイするなど、必要以上にきれい好き・お洒落
	整理整頓は気が向いたときに、気まぐれに、気分転換も兼ねて大掛かりに行う

WEEK 3
25

朝15分、帰る前15分の整理整頓で1日が変わる！

環境整備としての整理整頓ですが、これはいつ行えばいいのでしょうか。私のオススメは、「朝15分、夕方15分に限定。かつ、必ずやるようにする」、つまり、かける時間を限定して、ルーティンワークとして行うようにすることです。その時間内に必ず終わらせるようにし、その時間内にできることしか、やりません。

毎日朝夕で30分やっていれば、時間をかけずに常にきれいな状態を手に入れることができます。週に一度や月に一度、もしくは汚くなってからまとめて掃除や整理整頓をするから、整理整頓はめんどくさく、たいへんなものになってしまうのです。私は毎日30分、職場の整理整頓をしているので、年末に大掃除をしたことがありません。

整理整頓と掃除ですが、朝にやることと、夕方にやることは内容が違います。

朝の15分はおもに、気持ちよく仕事をするための環境整備です。整理整頓の目的は、

1日を27時間にするために「物を探す時間」をなくすことですが、同時に、**きれいに整った空間は、仕事をする上で気持ちがよく、モチベーションも高まります。**そのため、朝、事務所に入って最初の15分を次のように使います。

①窓を開けて換気をする（1分）
②お香（冬場）かアロマ（夏場）を焚く（1分）
③乾かしておいた食器類を所定の場所に戻す（1分）
④掃除をする。曜日別に次の個所を徹底的に行う（11分）
　↓「月：キーボード、マウス、ディスプレイなどパソコンまわり」「火：書棚」「水：玄関と階段」「木：窓周辺」「金：ベランダ」など
⑤窓を閉めて換気を終了し、机のほこりをはらう（1分）

夕方の15分は仕事の最後に、明日のスタートダッシュを切るための整理整頓です。明日、事務所に出勤したら、すぐにその日の仕事にとりかかることができるよう、事務所を出る前の15分を次のように使います。

①ファクスをチェックし、仕分けする（1分）
②郵便物をチェックし開封、仕分けする（5分）
③今日収集した書類やデータのうち、未整理の物を仕分けする（5分）
④明日の仕事を確認する（1分）
⑤明日の仕事に関する物をデスクの上にセッティングする（3分）

「仕分け」というのは、私の場合は顧客（案件）ごとに紙はケースを、電子データについてはフォルダを用意していますので、そこに収納することを意味します。

ちなみに私は、30分で最適な環境を手に入れるべく、グッズなどに頼り、手を抜くところは手を抜いています。例えば、雑巾の代わりに使い捨ての掃除用シートを使ったり、ほこり取りには使い捨てやリースのモップを使用しています。掃除・整理整頓で大切なことは、継続と集中、そしてグッズの力を借りることです。

✓ 整理整頓は「時間」と「目的」を決めるのが大事

図23　整理整頓は「時間」と「目的」を意識する

POINT 決められた時間に、集中して行う

時間は
15分だけ!

POINT 「なんのためにするか」をしっかり決める

明日の仕事が
やりやすいようにしよう!

WEEK 3
26

パソコンのフォルダは「ラクに探せる」ようにする

ここからは電子データの管理法について、お話ししていきます。

実は、仕事の整理整頓術の第一歩は、なんといっても「紙の電子化」です。私は、仕事の資料は極力紙ではなく、電子データでもつようにしています。紙より場所を取らないし、探すのもラクだからです。

ラクに探すためのルールを決める

ただし、電子化する上で気をつけなくてはいけないのが、この**「探すのをラク」にするためのルール**です。このルールを徹底しないと、逆に電子データは、縦覧性に乏しい（パラパラめくることができない）ため、紙よりめんどうなことになってしまいます。

図24　やってはいけないフォルダ管理法

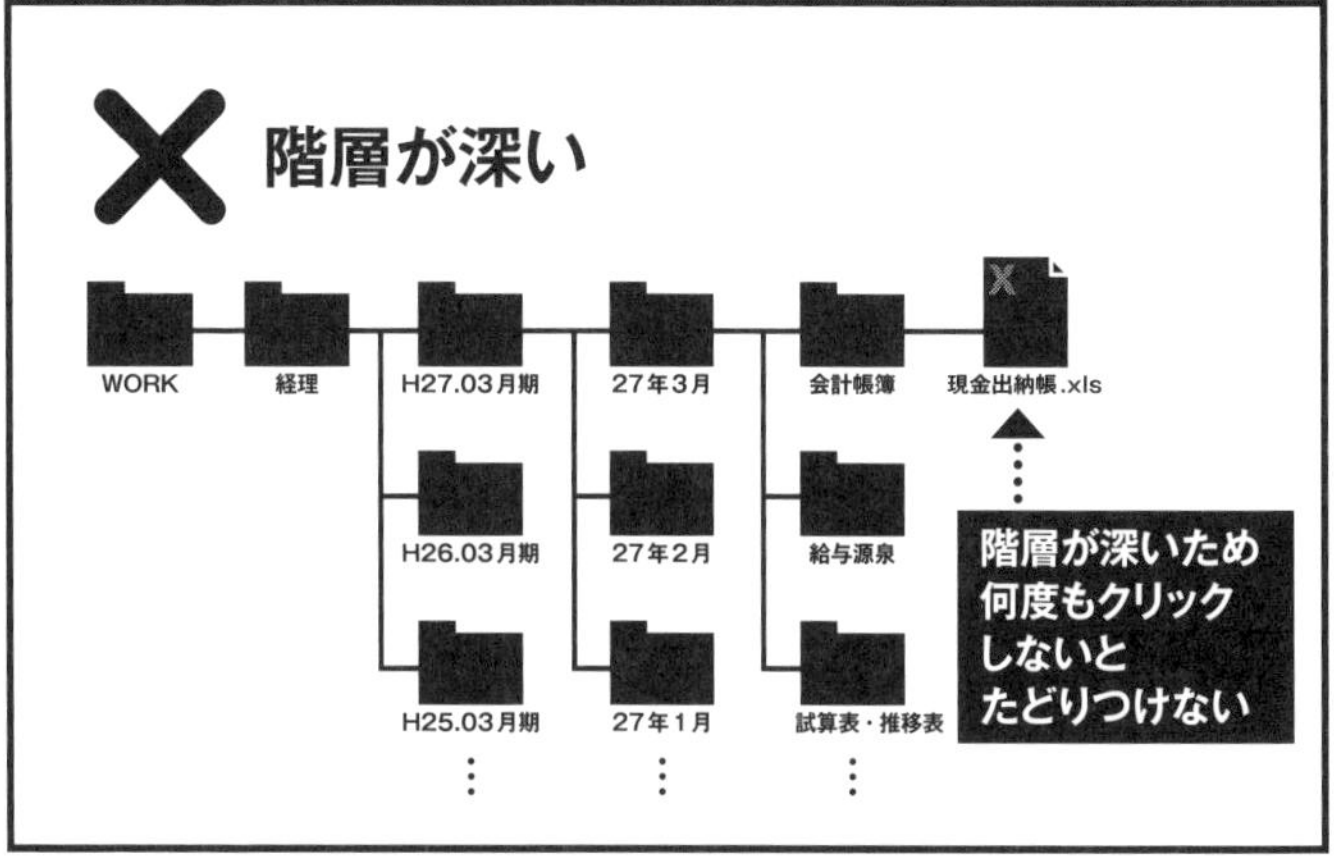

✕ 階層が深い
WORK
経理
H27.03月期
H26.03月期
H25.03月期
27年3月
27年2月
27年1月
会計帳簿
給与源泉
試算表・推移表
現金出納帳.xls
階層が深いため
何度もクリック
しないと
たどりつけない

まず注意したいのが、フォルダです。**深い階層には絶対にしない**こと。なぜなら、後述する「ファイル命名ルール」さえしっかりしておけば、今のパソコンは処理速度が速いので、検索でファイルを探すことも充分可能だからです。

「あのファイルはどこだっけ？」と探しまくる人ほど、フォルダの階層が深い傾向にあります。ファイルの保存・管理をフォルダに頼ってしまうと、パソコンで検索をかけたとき、同じ名前のファイルばかり出てくるようになります。また、マウス操作の手が滑ったときに、ファイルが別の場所に移動してしまい、それが原因でファイルが行方不明ということにもなりがちです。

では実際に、私がどのようにフォルダ分けしているかについてお話しします。データドライブの中には、**4つのフォルダしか設けていません。**「KIM（私の名字、木村の略）」「Work」「SCAN」「Others」です。それぞれ、次のデータを格納しています。

「KIM」…事務所の経理、総務に関するデータ。使い回しのきくテンプレートなど。
「Work」…顧客のデータや、執筆原稿のデータなど。
「SCAN」…事務所のスキャナーで取り込んだデータの一時保管場所。
「Others」…上記に該当しないデータの保管場所。例えば、セミナーや研修の資料など。

そして、「KIM」「SCAN」「Others」フォルダについては、**その階層下にまったくフォルダを配していません。**次項でお話しする「ファイル命名ルール」さえしっかりしておけば、ファイルを探すのに支障がないからです。

図25　フォルダは4つで充分！

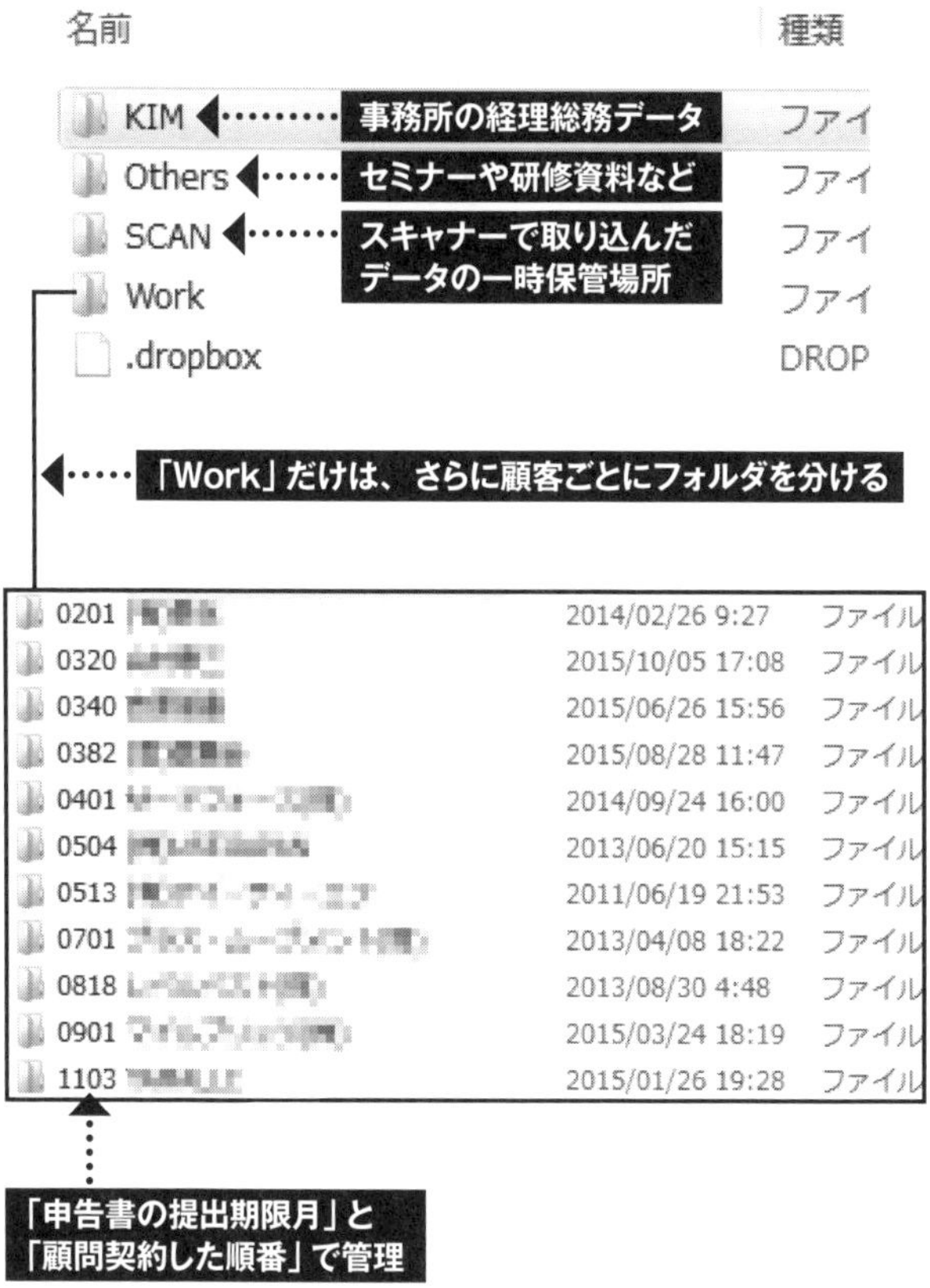

「Ｗｏｒｋ」だけはその階層下にさらに顧客ごとのフォルダを配しています。その際、フォルダ名の頭には４ケタの顧客番号をつけています。私の事務所では**顧客番号を「申告書の提出期限月＋顧問契約した順番」で管理**しているので、フォルダ名でソートすると、決算月の順番に並ぶことになります。これで各フォルダにアクセスしやすくなるというわけです。

フォルダ名に２～４ケタの番号をつけ、ソート機能で整然と並べるというフォルダ管理法は、さまざまな職種の方にも応用可能です。次ページを見てください。営業職と総務・経理職の例ですが、このような形でご活用ください。

繰り返しになりますが、どのような職業・職種であっても、**「階層はせめてデータドライブ下１～２程度。それ以上深くしない」**を心がけるようにしてください。

✓ フォルダの階層は深くせず、数も多くしない

図26　職種ごとのオススメフォルダ管理法

営業職の場合

顧客ごとにフォルダ分け

- 0201 一岡商事(有)
- 0202 (株)赤松運送
- 0206 (株)ブラッド商会
- 0301 松山マネジメント(株)
- 0401 (株)緒方化成
- 0402 マルチャン(同)
- 0501 医療法人社団菊池会

頭に顧客番号などをつけると、後で整理しやすくなります

総務・経理職の場合

仕事のカテゴリーごとにフォルダ分け

- 10 月次・決算
- 20 ミーティング
- 30 FAX送り状
- 40 書類送り状
- 50 給与源泉
- 60 法務
- 70 特殊業務
- 80 申告書
- 90 永年保存
- 99 各種データ

階層が深くならないようなフォルダ分けをする

ENVIRONMENT

WEEK 3
27

一瞬でファイルが見つかる「ファイル命名ルール」

フォルダ管理の次は、ファイル命名についてお話しします。ファイル命名はとにかくルール化が必要です。

例えば、「取引先名を略称にするかしないか」「日付を入れるか入れないか」など、**気まぐれで命名していては、なかなかファイルを見つけることができません。**ルールを作り、それに則って命名していれば、検索一発でファイルを見つけ出すことが可能になります。

私は**「顧客名＋ファイル名＋ファイル作成日付」**でファイル命名をしています。これは税理士法人経営時に、複数人でサーバーを共有する際に決めたルールです。1人で仕事をするようになった今でも役立っていますし、プライベートの電子データもこの手法で保存しています。

図27　一瞬で見つかる「ファイル命名ルール」

マイルブリッジ(株) 1308_月次レポート 130927.xls
マイルブリッジ(株) 1308_賃貸借料 130927.pdf
マイルブリッジ(株) 1308_納税スケジュール 130826.xlsx
マイルブリッジ(株) 1308_預金 130927.pdf
マイルブリッジ(株) 1308_立替経費 130927.pdf

「顧客名+ファイル名+ファイル作成日付」が基本

なお、**顧客名は略称ではなく、正式な商号としています。**なぜかというと、略称を使用する場合、複数人で仕事をしていると、統一するのが厄介であったり、ファイルを新たに作成し命名する際に「あの顧客の略称はなんだったっけ？」と、調べたり考えたりする一瞬の手間が発生するからです。

○木村ワークスカンパニー（株）決算打合アジェンダ 150915.docx

×ＫＷＣ 決算打合アジェンダ 150915.docx

このように略称で管理すると、「ＫＷ、

ＫＷＣ、どっちだっけ？」などといらぬ迷いが生じます。

同じ名前のファイルを作らない！

ここで「顧客ごとにフォルダを作成しているのに、ファイル名にも顧客名を入れる必要があるのか？」と思われるかもしれませんね。これは、**同一パソコン内に同じ名前のファイルをもたないようにするため**にそうしています。例えば、

・木村ワークスカンパニー（株）決算打合アジェンダ150915.docx
・一岡商事（有）決算打合アジェンダ150915.docx

このような2つのファイルがあったとしましょう。マウスの誤操作などでこの2つのファイルが同じフォルダ下に配されたとしても、互いに名前が違うので上書きされることはありません。ただし、次のような場合、

・木村ワークスカンパニー（株）→決算打合アジェンダ150915.docx

・一岡商事（有）　　　　　　　　　→決算打合アジェンダ 150915.docx

もしも同じフォルダ下に配されてしまえば、どちらかのファイルが上書きされ、消失してしまう可能性があります。そのため、ファイル名に必ず顧客名を入れることにしているのです。

なお、外部（顧客など）からいただいた電子データも、自分のパソコンに保存する場合には、このルールに則って命名し直して保存しています。

みなさんの職場にルールがない場合、まずは、自分のパソコンのローカルデータだけでも、このやり方にしたがって管理してみましょう。そして、その便利さを実感されましたら、ぜひ、職場のみなさんにもこの方法を提案してください。この方法は**組織の場合、全員で統一してこそ威力を発揮します。**そして、職場全体の業務効率改善にもつながります。

✓ファイルは「顧客名＋ファイル名＋ファイル作成日付」で管理する

WEEK 3
28

データはもちすぎない!
究極の削除ルールとは?

前項でお話しした「ファイル命名ルール」ですが、作業する都度、データの名前を変更し、保存するようにしています。例えば「ダイヤモンド社 書籍企画 150915.docx」というファイルを9月16日に加筆修正したら「ダイヤモンド社 書籍企画 150916.docx」に変更し、新たなファイルとして保存します。これにより、この書籍企画データは2つ存在することになります。

コンサルティングや執筆に関しては、「前のデータが見たい」ということもあったり、複雑な税務のシミュレーションをする場合、数式やマクロを工夫してみたけれど**「やっぱり前のほうがよかった!」ということもあるので、前のデータも残しています。** そして、完成したところで「ダイヤモンド社 書籍企画Fin 150917.docx」と名前に「Fin」(Finalの意)をつけます。そして「Fin」データ以外はその時

✓ **作業データと完成データを分けよう**

図28　作業データと完成データの分け方

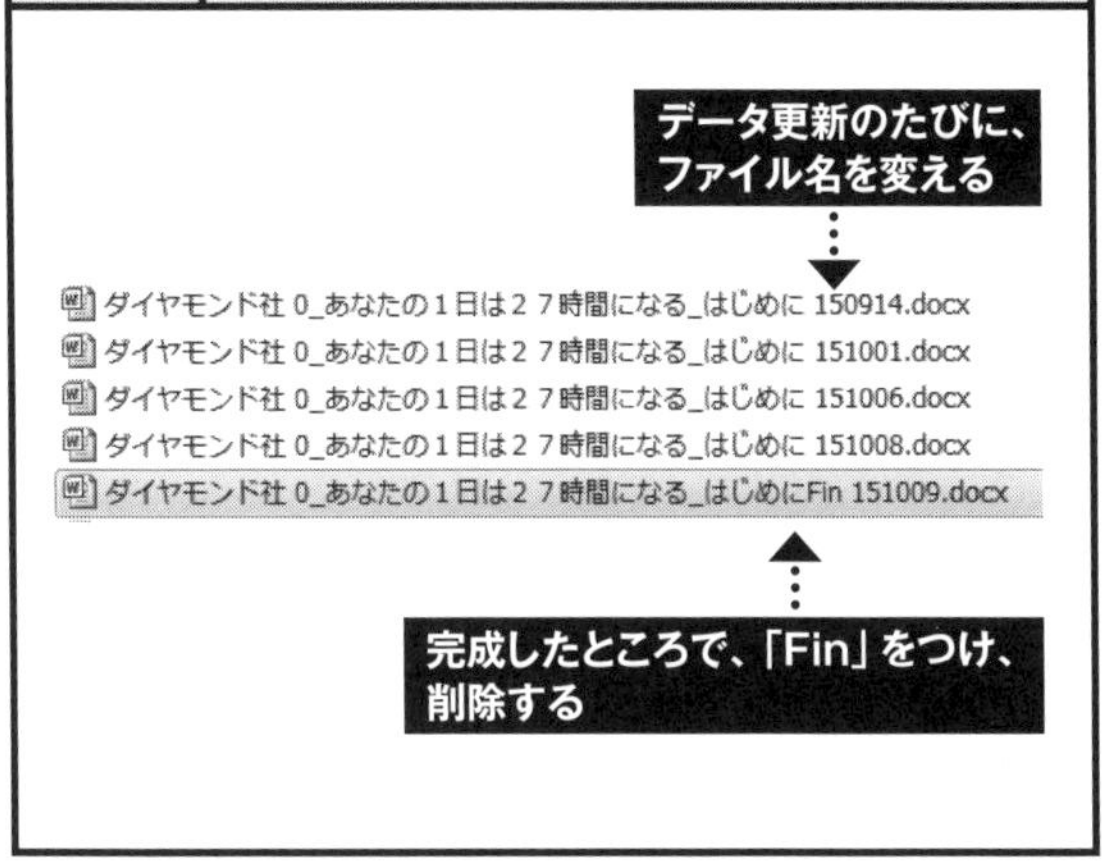
データ更新のたびに、ファイル名を変える
ダイヤモンド社 0_あなたの１日は２７時間になる_はじめに 150914.docx
ダイヤモンド社 0_あなたの１日は２７時間になる_はじめに 151001.docx
ダイヤモンド社 0_あなたの１日は２７時間になる_はじめに 151006.docx
ダイヤモンド社 0_あなたの１日は２７時間になる_はじめに 151008.docx
ダイヤモンド社 0_あなたの１日は２７時間になる_はじめにFin 151009.docx
完成したところで、「Fin」をつけ、削除する

点で削除します。ファイル名でソートすればラクに削除できます。

　検索でファイルを見つけ出せるといっても、不要なデータはやはり極力もちたくないものです。そこで、保存すべきデータがすぐわかり、しかも、運用しやすいシンプルなルール「Ｆｉｎ」を作り、**完了後は「Ｆｉｎ」データ以外は削除しています。**ちなみに、再考や推敲が求められるデータ（原稿や企画書など）は、仕事が完全に終わるまでは削除しないほうが無難です。

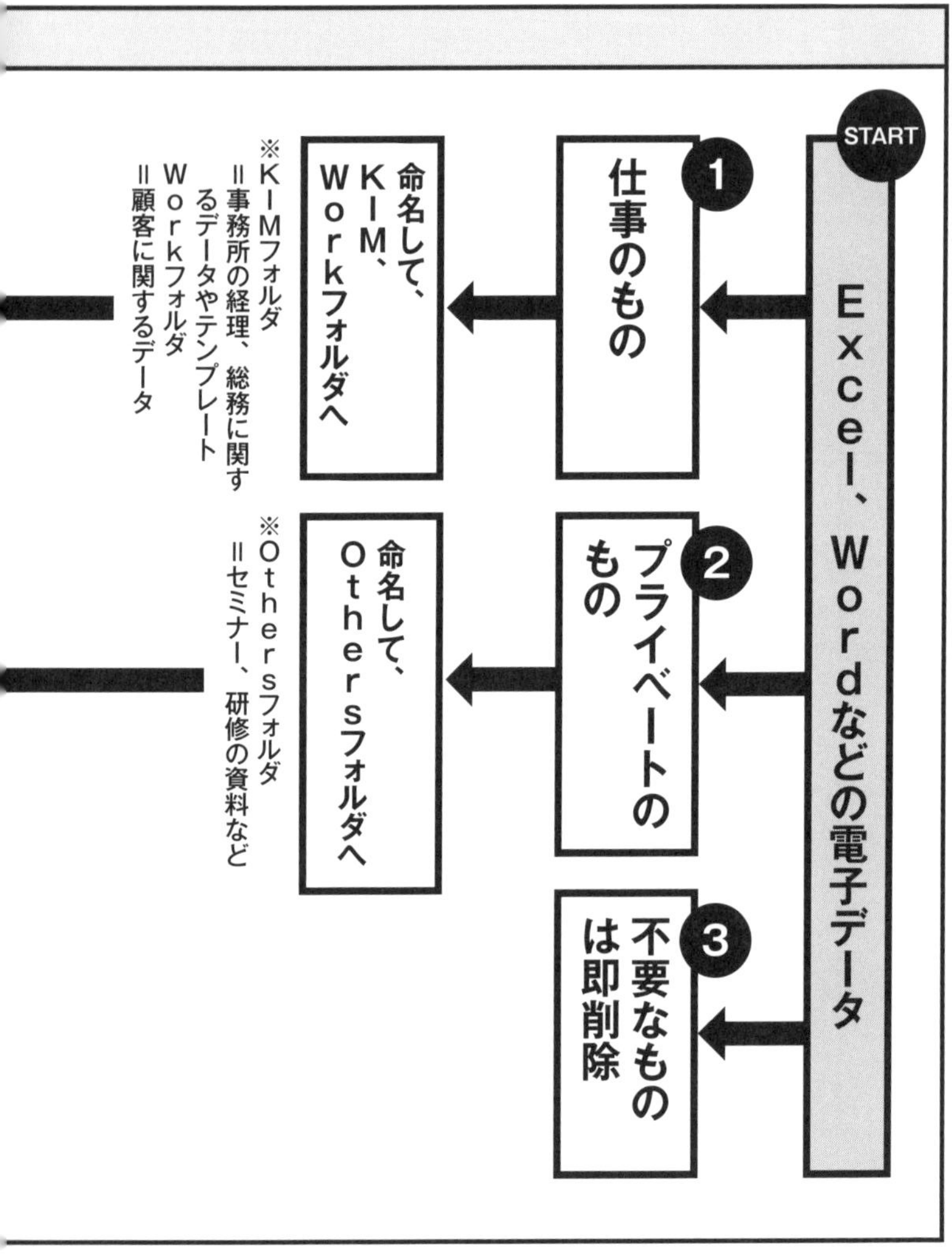
START
Excel、Wordなどの電子データ
1 仕事のもの
命名して、KIM、Workフォルダへ
※KIMフォルダ
＝事務所の経理、総務に関するデータやテンプレート
Workフォルダ
＝顧客に関するデータ
2 プライベートのもの
命名して、Othersフォルダへ
※Othersフォルダ
＝セミナー、研修の資料など
3 不要なものは即削除

図29　電子データの超整理法まとめ

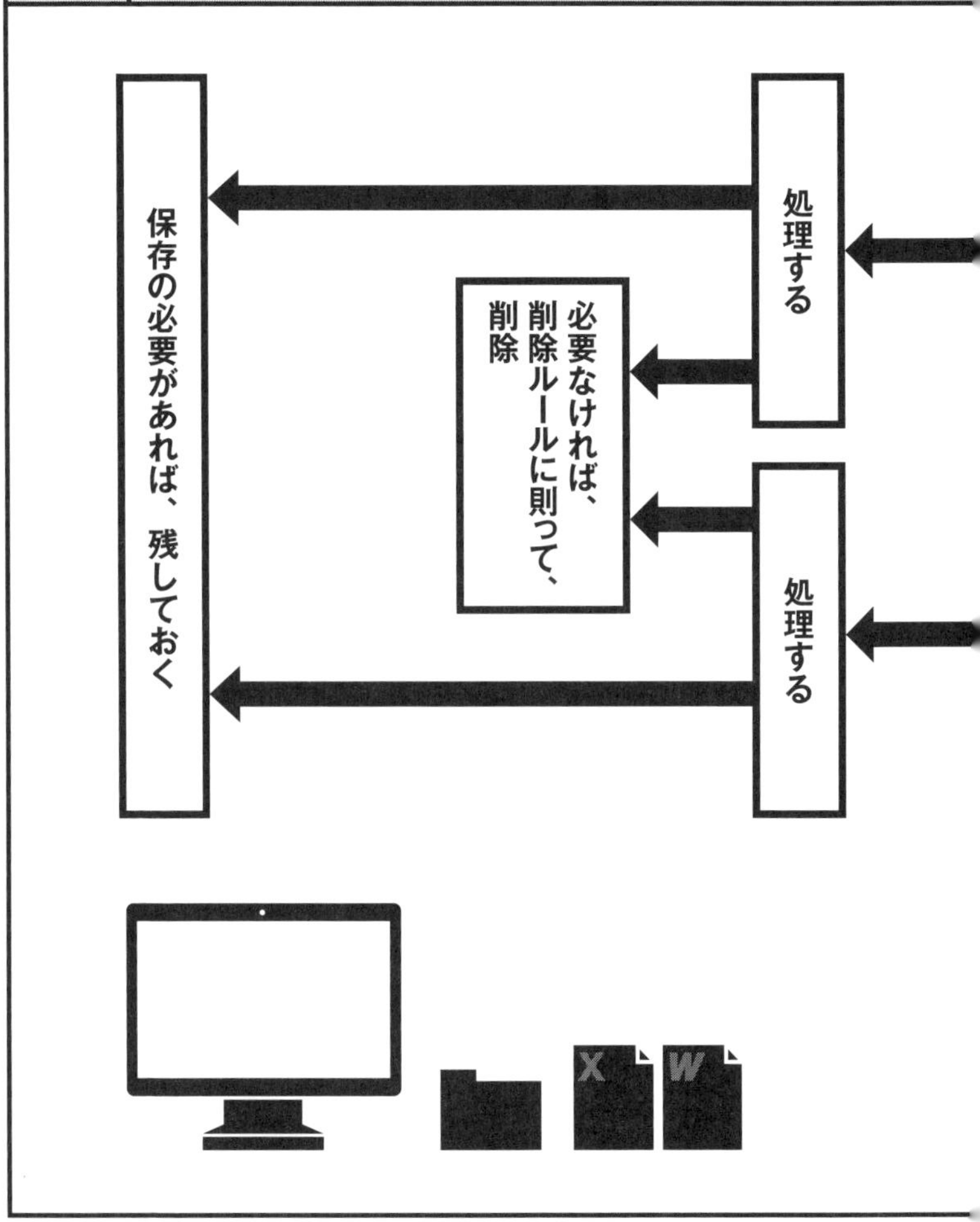

WEEK 3
29

メール&メーラーは、最強の備忘録・業務処理簿である

電子メールを業務処理簿や備忘録として、おおいに活用しましょう。 私の仕事は、税理士法上の要請もあり、顧客からの相談事項や、やりとりをしっかり記録しておく必要がありますが、これはみなさんも同じだと思います。

私は仕事のやりとりに極力メールを使います。そうすれば、自動的に記録となって残るからです。やりとりを、さらに別のノートに書き写すという時間のムダを避けるためでもあります。

メールの大きなメリットは「あれ、次にいつ会う約束をしたっけ?」「セミナーでどんな話をしてほしいって言われたっけ?」というときに、必ず履歴が残っているところです。メーラーも、パソコンでデータを探すのと同じように、キーワード検索で素早く欲しい情報にアクセスできます。また、スマートフォンでパソコン内のメール

図30　メールを業務処理簿として使う

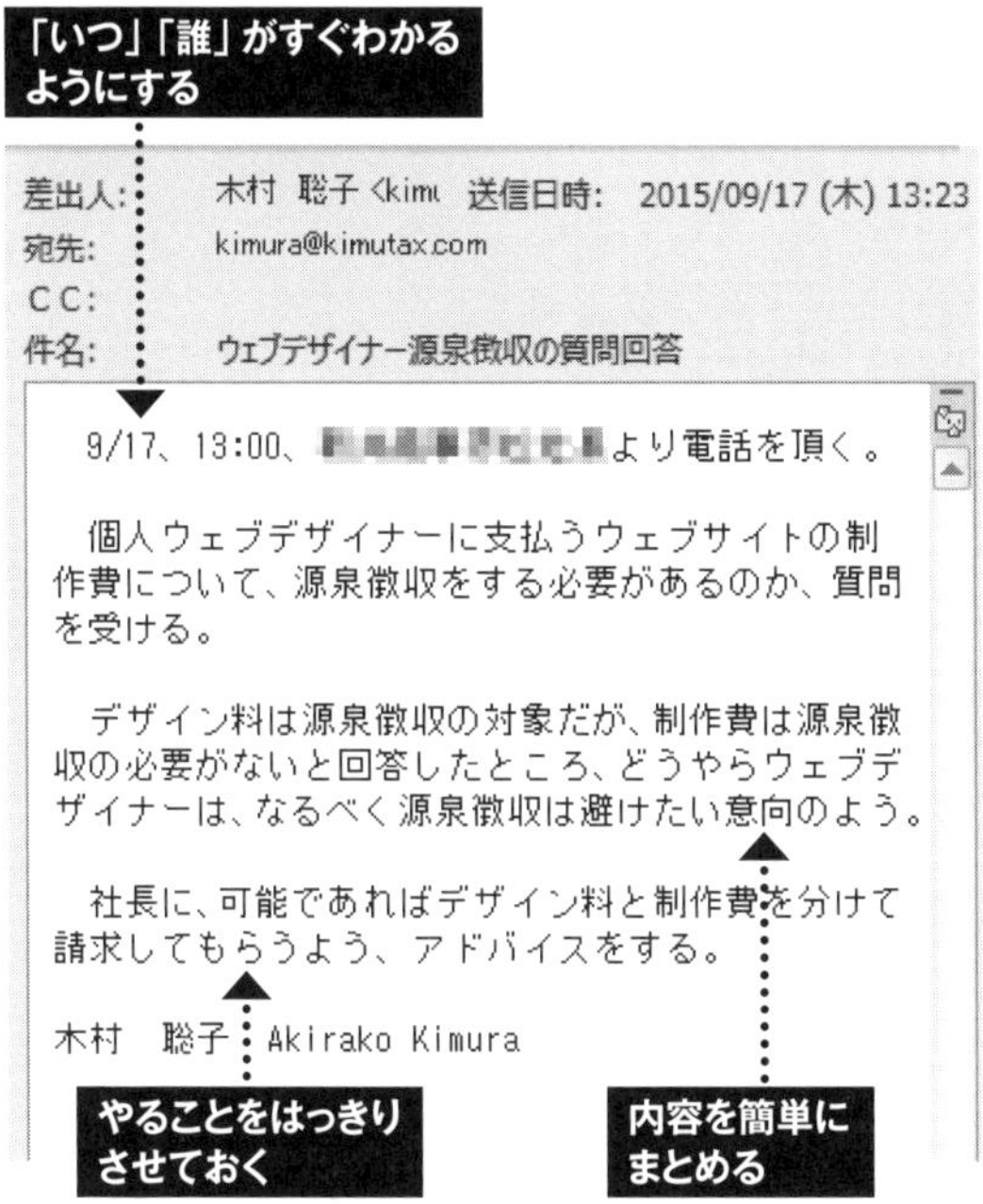
「いつ」「誰」がすぐわかるようにする
差出人:
木村 聡子 <kim
送信日時: 2015/09/17 (木) 13:23
宛先:
kimura@kimutax.com
CC:
件名:
ウェブデザイナー源泉徴収の質問回答
9/17、13:00、より電話を頂く。
個人ウェブデザイナーに支払うウェブサイトの制作費について、源泉徴収をする必要があるのか、質問を受ける。
デザイン料は源泉徴収の対象だが、制作費は源泉徴収の必要がないと回答したところ、どうやらウェブデザイナーは、なるべく源泉徴収は避けたい意向のよう。
社長に、可能であればデザイン料と制作費を分けて請求してもらうよう、アドバイスをする。
木村　聡子　Akirako Kimura
やることをはっきりさせておく
内容を簡単にまとめる

顧客別のフォルダに振り分ければ、
業務処理簿の完成!

を見ることができるようにしておけば、出先でも検索することが可能になります。

「メール受信」からの流れを整理

メールを読み、返信し、それに伴い発生した仕事をマンスリー（ウィークリー）ダイアリーに記入したら、受信メールも送信メールも、顧客別フォルダに移動させています。これがいわば「業務処理簿」になるというわけです。

このようにメールを備忘録代わりにすると便利です。以前は顧客の特殊な要望事項や処理事項も、別のところに書き写したり、Ｅｘｃｅｌでデータベース化していましたが、処理のモレが起こり、うまく運用できませんでした。今はこの方法が、私にはしっくりきています。

電話で仕事の話をしたときは？

ここまでお話しすると、「では、電話でやりとりしたときはどうするの？」と思われるかもしれませんね。電話で相談や質問に対応した場合は、前ページの図30のように、**内容をメールに書き、それを自分宛に送信**しています。電話でスケジュールのアポイントメントを受けた場合は、その直後にGoogleカレンダーに日時などを登録するようにしているので特に記録は残しません。その場でGoogleカレンダーに書き込む端末（パソコンやスマートフォンなど）がない場合は、常に持ち歩いているモレスキン『ヴォランジャーナル』のXSサイズのノートに書き写し、登録したらそのメモを破棄するようにしています。このノートは財布の中にペンとセットで必ず入れています。端末が周囲にないとか、スマートフォンの電池が切れてしまったときなどに、入力項目の一時退避所として使っています。

また、電話で「レジメを9月24日までにいただきたいのですが」と、期限の決まった仕事を受けた場合は、マンスリー（ウィークリー）ダイアリーに仕事を記入するので、これも特に記録は残しません。ちなみにマンスリー（ウィークリー）ダイアリーはほぼ確実に肌身離さずもっているので、電話を受けたときに「ダイアリーがない！」ということはありえません。

✓ 電子メールを備忘録や業務処理簿として、おおいに活用

30 超便利な議事録として、Evernoteを使いこなす

みなさんは打ち合わせのときのメモ、そして議事録をどのように管理していますか。

私はEvernote（https://evernote.com/）を利用しています。Evernoteは、さまざまな情報を記録するための電子ノートを作成し、管理する「クラウドサービス」です。

「クラウドサービス」とは、データやソフトウェアを、インターネット上に保存することで、自宅や職場、外出先などの場所を選ばず、どの端末からでもデータを閲覧、編集、アップロードできるというサービスのことです。

Evernoteも、ウェブ上のサーバーにあるデータにアクセスし、それを加筆・修正・閲覧することができます。**ネットにつながる環境さえあれば、パソコンからでもスマートフォンからでも、自分のノートのデータにアクセスすることができます。**

私の仕事は、何十件かの顧客を抱え、定期的に面談し、税務や会計、経営に関する

相談・打ち合わせをしながら、毎年度の決算をクローズさせるものです。決算を締めるに当たり、会計年度の初めから打ち合わせた1つひとつの内容が重要になります。「メモ」を残し、その内容を定期的に確認することは、私の仕事の生命線です。

紙のノートは、「検索」しにくい

そこで、この「メモ」について、この業界に入った当初からいろいろ試してみました。顧客ごとに1冊ずつノートを用意する、ルーズリーフを使い、顧客ごとにインデックスをつける、Ｅｘｃｅｌでデータベースを作りそこに議事を書いていく。

しかし、**紙を使った方法ですと「確か役員報酬の額のことで打ち合わせをしたはずだけど、そのときのノートが見つからない……」などと、何かをキーにして検索するのに非常に不便**です。また、紙はかさばりますし、けっこうな量になります。

Ｅｘｃｅｌでのデータベースは、かさばらないという点では合格でしたが、メモについてはパソコンでテキストを打っていくのがどうも苦手でした。というのも、私はメモをする際に相関図や概念図などの図形を描くことが多いので、打ち合わせのメモを取るのは、紙とペンというアナログでないと、どうにも具合が悪いのです。

そんな試行錯誤の末に辿り着いたのが、Evernoteでした。

まず、メモはリーガルパッドに書いています。リーガルパッドは、軽くて持ち運びに便利なのと、上部にミシン目が入っているので、使ったそばから切り離して保管できるからです。事務所に戻ったら切り離してスキャンし、ＰＤＦデータにします。

「情報」をまとめられるのが強み！

ここからがEvernote の出番です。Evernote 内にノートを作成。それに打ち合わせ内容がわかるようなノート名をつけます。そしてそのノートに議事録のＰＤＦを保存すれば、完成です。**Evernote は異なるデータも1つのノートにまとめることができるので、他に板書の写真や音声データもあれば一緒に保存**しておきましょう。

Evernoteはタグ機能とフォルダ機能がありますが、私はタグ機能は使わず、顧客名をつけたフォルダにそれぞれのノートを保存することで管理をしています。

✓ ノート代わりに、Evernoteを使いこなす

図31　Evernoteで、メモ・議事録を便利に保存

❶ 打ち合わせ時、
メモ・議事録を取る

↓

❷ スキャナーで読み込む

↓

❸ Evernote内に、
検索しやすい名前でノートを作成する

例：顧客名＋内容＋日付
山田商事 顔合わせ 151203

↓

❹ PDFをEvernoteに保存!

- いつでも、どこでも
  データを見ることができる
- 紙のようにかさばらない
- 検索性に優れている

ENVIRONMENT

WEEK 3
31

「どこでもデータドライブ」Dropboxの活用法

Dropbox（https://www.dropbox.com/ja/）についてお話しします。

Dropboxも「クラウドサービス」の1つです。さまざまなデータやファイルをウェブ上のサーバーにアップロードして保存できます。Evernote同様、自宅や職場などの場所を選ばず、どの端末からでもアクセスできるのが特徴です。

「Evernoteとどこが違うの？」と思われた方もいらっしゃるかもしれません。繰り返しますが、**Evernoteは「ノート」として使います。**①打ち合わせメモをスキャンし、PDFとして保存、②打ち合わせに関連する写真や画像、音声などのデータを、スキャンしたPDFと合体させる、という運用です（②の機能があるため、私はEvernoteをノート代わりに使っています）。一方、**Dropboxはパソコンの「どこでもデータドライブ」として使用しています。**

どこにいてもデータの閲覧・アクセスが可能なので、外出中に顧客から問い合わせがあったときに「事務所に戻ってから対応します」と答えることを格段に減らすことができるようになりました。

Dropboxを上手に使えば、場所を選ばずに仕事ができるので、移動の合間などの隙間時間を有効に活用することができます。また、**職場のパソコンともち出し用のパソコンを同期しておけば、客先にデータをもって出かける際など、準備時間の大幅な節約になります。**単純に、外部サーバーにバックアップをもつことになり、これも私がDropboxに感じている大きなメリットの1つです。

さらに上級の使い方として、Dropboxの共有機能を利用することにより、特定のフォルダを顧客や仕事関係者と同期させながら共有することもできます。この機能を使うと、打ち合わせの回数がグンと減り、時間の節約につながります。

✓ Dropboxで、場所を選ばずに仕事ができる！

WEEK 3
32

電子化せず、あえて紙で残す物とは？

私の仕事は、電子化を進めないと紙だらけになってしまうので、場所を取らず検索性も優れているということで、仕事の資料については極力電子化しています。

自分の税務会計データの基礎となる領収書・請求書などの証憑類《しょうひょう》（紙媒体での保存が義務づけられている物）以外は、すべて電子化しています。顧客から預かった紙媒体の資料、受講したセミナーのレジメ、執筆などの参考資料はすべてスキャンして保存しています。

ただし、あえて紙で残す（紙媒体で保持する）ようにしている物もあります。それは、**「思い出を感じさせる物」「書籍、税法の本、条文集」**です。

思い出を感じさせる物とは、感銘を受けた新聞記事、お世話になった方からの手紙、お礼状、年賀状などです。年ごとに分けて、見た目がカッコイイ箱に入れ、保存しています。これを私は「思い出箱」と呼んでいます。特にラベルをつけたりはせず、ただ箱に入れるだけですが、ときおり「この年には何があったかな？」とその年の箱をあけてみては、懐かしい気持ちに浸っています。こういった物は、現物から伝わるパワーを大切にしたいということもありますが、**形状が不定形な物が多く、スキャンするのに時間が取られてしまうので、紙でそのまま保存**しています。

書籍はKindleなど電子のものを試してはみたのですが、私は本をささささーっと最初に流し読みした後、紙のページを行きつ戻りつしながら読むほうが頭に入ってくるので、紙派です。

税法の本、条文集も「紙」です。職業柄、ネットの税法条文の検索サービスも利用していますが、条文を突っ込んで読む際は、各法令（法律、施行令、施行規則、通達など）の間を行ったり来たりしなくてはならないので、私にとっては紙のほうが調べやすいです。

✓ 「思い出を感じさせる物」などは電子化にこだわらず紙で残す

WEEK 3
33

デスクの整理は、「定位置管理法」で完璧！

家に住所があるように、工場では工具などの物の置き場所に番地がついています。この徹底した定位置管理を、私は顧客の工場を見て知りました。それを真似しようと思い立ち、**職場の物の場所はしっかり決める**ことにしたのです。

具体的には、「机の引き出し①に○○、××、机の引き出し②に△△、□□」と、すべての収納家具、収納スペースの配置リストを作っています。ボールペン、ハサミ、糊など、全部居場所が決まっています。

もしも今、手元にない新しい文房具を買ってきたとしたら、その時点で定位置を決め、このリストに入れます。

整理整頓とは、「何をどこにどれだけしまうか」のルール化と、そのルールを「いつでも誰にでもわかるようにする」ことに尽きると考えています。これを遵守すれば、職場（自宅にも応用できます）はすっきりする上、ムダな物は置かなくなり、買わなくなる。さらには探し物をする余計な時間もなくなると、いいことずくめなのです。

4つのポイントをお話しします。

①消耗品でない物は2つもたない

昔は消耗品以外の比較的耐久性がある物（ハサミなど）も、2つもつようにしていました。いざそれが壊れたときに、困らないようにするためです。

しかし今は、文房具などを発注後に即日配達してくれるアスクルやカウネットのような事業者向けサービスもあります。コンビニでも文具は購入できます。そこで、すぐ買える物については**「コンビニを倉庫代わりにしよう」**と、今はストックは置かないようにしています。これはスペースと整理整頓時間の節約のためです。

ただし、おおむね数日〜数カ月程度で定期的に購入している消耗品（例えば、飲料水、クリアファイル、トイレットペーパーなど）は、必ずストックを一発注単位もつようにします。また「これがなくなったり壊れたりすると、仕事をする上で致命的」という物は、2つもつようにしています。私の場合は「使い慣れたパソコン」がこれに当たるので、デスクトップパソコンとノートパソコンをもち、どちらも常に使えるように準備をしています。

②ストック分も合わせて、定位置を決める

ストックをもつ物は、ストック分も定位置を決めます。ストック位置にそれがなくなったら、発注をかけるという目安になるからです。ストックの定位置をしっかり決めていないと、ストックを切らす、あるいはダブって発注する羽目になります。

例えば、打ち合わせ・議事録のメモとして使っているリーガルパッド。このストックは、袖机の引き出し3段目に入れておくよう定位置管理をしています。手持ちのリーガルパッドがなくなったら、デスクの引き出しストックから補充。ここのストックがカラになったら、リーガルパッドを3冊購入するようにしています。

③定位置はExcelファイルに登録

定位置を決めたら「狭い職場（自宅）のことだから」と思わず、収納場所とアイテムをわかるように記録しておきましょう。衣装ボックスに「秋冬物」「春夏物」「下

着」などとラベルを貼っている人がいますよね。あれと同じことです。

このように収納場所に直接、中に入っているアイテムのカテゴリーを明記してもいいのですが、私はアイテムと収納場所を、Ｅｘｃｅｌファイルに登録しています。

その理由ですが、**記憶に頼らないことが重要**だからです。

記憶に頼ると、まず「あれどこだっけ？」と探す羽目になります。探す時間をなくしたいので、私はリストを電子化しています。例えば「スタンプの補充インク、どこにしまっているんだっけ？」というときに「インク」などのキーワードで検索できるからです。

④デスクの引き出し収納にもルールを

みなさんが職場で与えられる最も身近な収納スペース、デスクの引き出しの収納術について、私の使い方をお話しします。

多くの場合、デスクの引き出しは３段になっています。マイルールはこうです。

「１段目は、普通机の上に置く物を」「２段目はカラに」「３段目はストック置き場に」。そして「引き出しに入りきらない物はもたない」です。

1段目の浅い引き出しは、頻繁に使う文房具を入れるスペースです。具体的には、フセンやステープラー、クリップ、糊などを入れています。

2段目のやや深い引き出しは、今日やろうと決めた仕事に関する物の「一時待避所」です。つまり普段は「カラ」にしています。現在作業中の物はデスクの上に出して処理しますので、ここに今日の仕事を入れることにより、目の前にある仕事に集中する効果と、「ここがカラになったら今日の仕事は終わり!」と、見た目で仕事の進捗をつかめるので励みになります。

3段目の深い引き出しは、クリアファイルやリングファイル、インデックスなど、A4サイズ以上のかさばる物と、文具のストックを入れるようにしています。

✓「定位置管理法」を、まずは自分のデスクに取り入れる

図32　デスク整理は、定位置管理法で完璧!

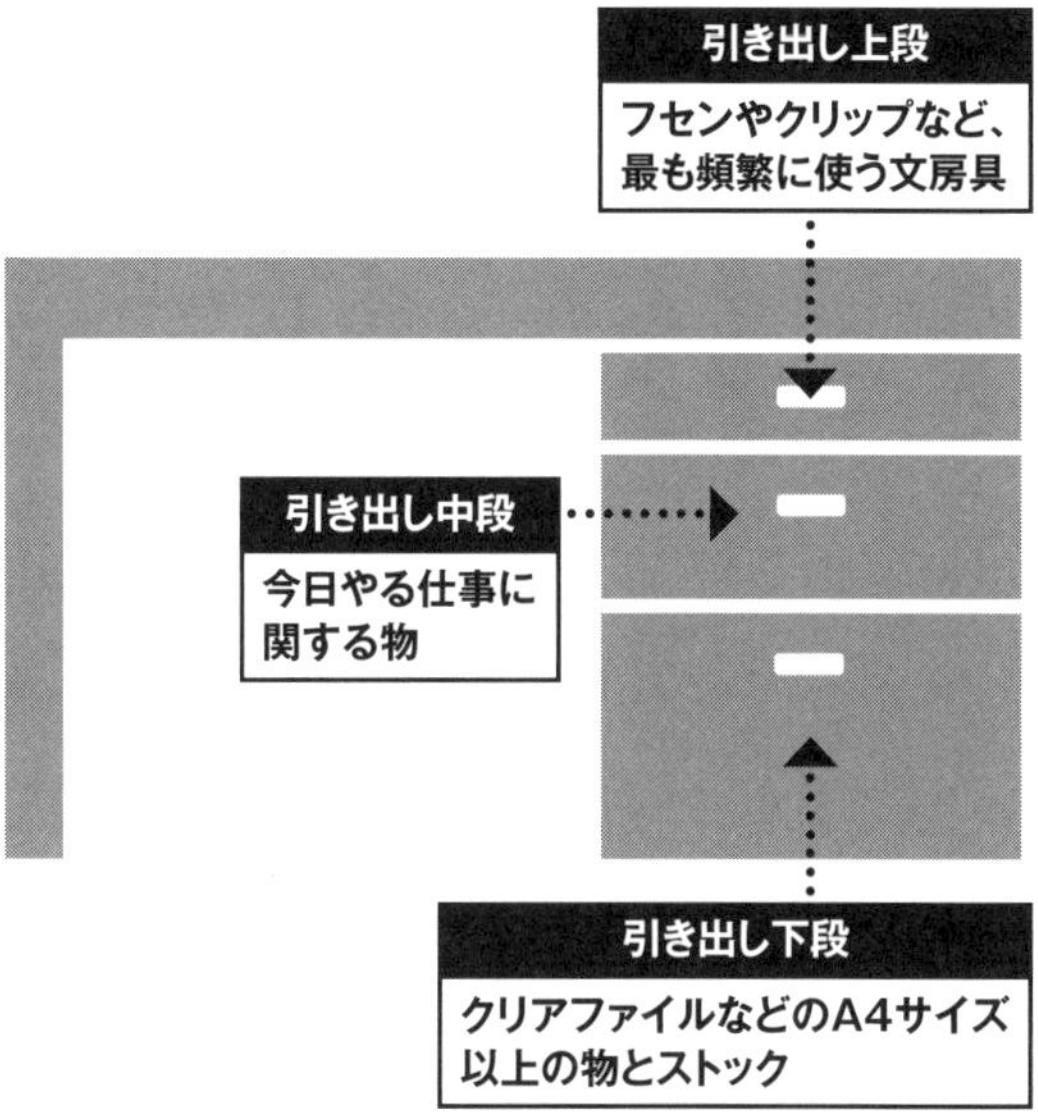

POINT

●記憶に頼らず、「どこに何を入れるか」の収納リストを作成しておく

●消耗品でない物（ハサミなど）は、2つもたない（スペースと整理整頓時間の節約）

●デスクの上には、物を極力を置かない

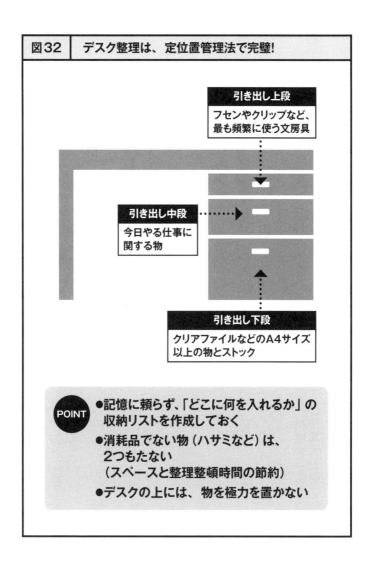

WEEK 3
34

お客様専用箱による「必ずここにある」という安心感

私が「定位置管理」の一環として採用しているのが「お客様専用箱」です。税理士業務は、顧客と顧問契約を結び、毎月決まったお客様の書類を預かり処理をする、という仕事が多いです。そこで私は顧客ごとに、1つずつ「お客様専用箱」を用意しています。

書類の仮置き場を作る

「お客様専用箱」はイケアの白色のマガジンファイルを利用し、書類を受け取ったら、とにかくここに放り込むようにしています。**処理をするまでの「書類の仮置き場」**という位置づけです。

マガジンファイルを白色にしたのには、理由があります。それは、これがずらっと

図33　お客様専用箱を作る

並ぶと、すっきりした印象こそあれ、仕事場が散らかって見えないこと。そして、中身が見えないので、他の業務をしている間はその箱の中のことが気になりません。お客様専用箱も「目の前の業務に集中できる仕組み」を実現するツールの1つです。

ところで、私の仕事は、「守秘義務」あるいは「機密」を守らねばなりません。そこで、他の顧客の書類が混じることを防止するという目的で、この「専用箱」を設けました。書類返却時に、うっかりして他の顧客の書類が紛れ込んでいたりしたら一大事だからです。

書類を探す時間が減り、プラス「安心感」も

ところがこの「専用箱」には思わぬ効果がありました。それは、**書類の散逸を防ぐだけでなく、書類を探す時間が大幅に減ったということです。あのお客様に関する物は、あの『専用箱』の中に必ず入っているという安心感もあります。**

ただし、ここはあくまで預かってから処理をするまでの「仮置き場」です。この箱の中に書類がギッシリ入っているということがないよう気をつけています。処理が終われば必要な物はスキャンし、コピーは廃棄、原本は返却します。処理後は徹底的に

箱の中をカラにするようにしています。

とにかく、お客様の資料に関しては「溜めない」。月次決算などの処理をしたら、原本はすぐスキャンし、返却。そして返却不要の物は即廃棄するということを徹底しています。

この「専用箱」、みなさんのお仕事の種類によって、区分けを考えるとよいと思います。例えば、設計事務所であれば、受注をしている案件ごとの「案件専用箱」を設けるなどはいかがでしょうか。

「専用箱」には、私は顧客名をつけていますが、**ラベルは粘着力の強いフセンを利用し、手書きです。なぜなら、書き換え・貼り替えがラクだから**です。ラベルプリンターなどを使えばきれいかもしれませんが、作成・貼付・剥離に要する時間がなんとももったいないのです。こういう部分も「省力化」「時短」の視点ですべて考えています。

✓ 顧客ごとに「専用箱」を設け、資料を仮置きする

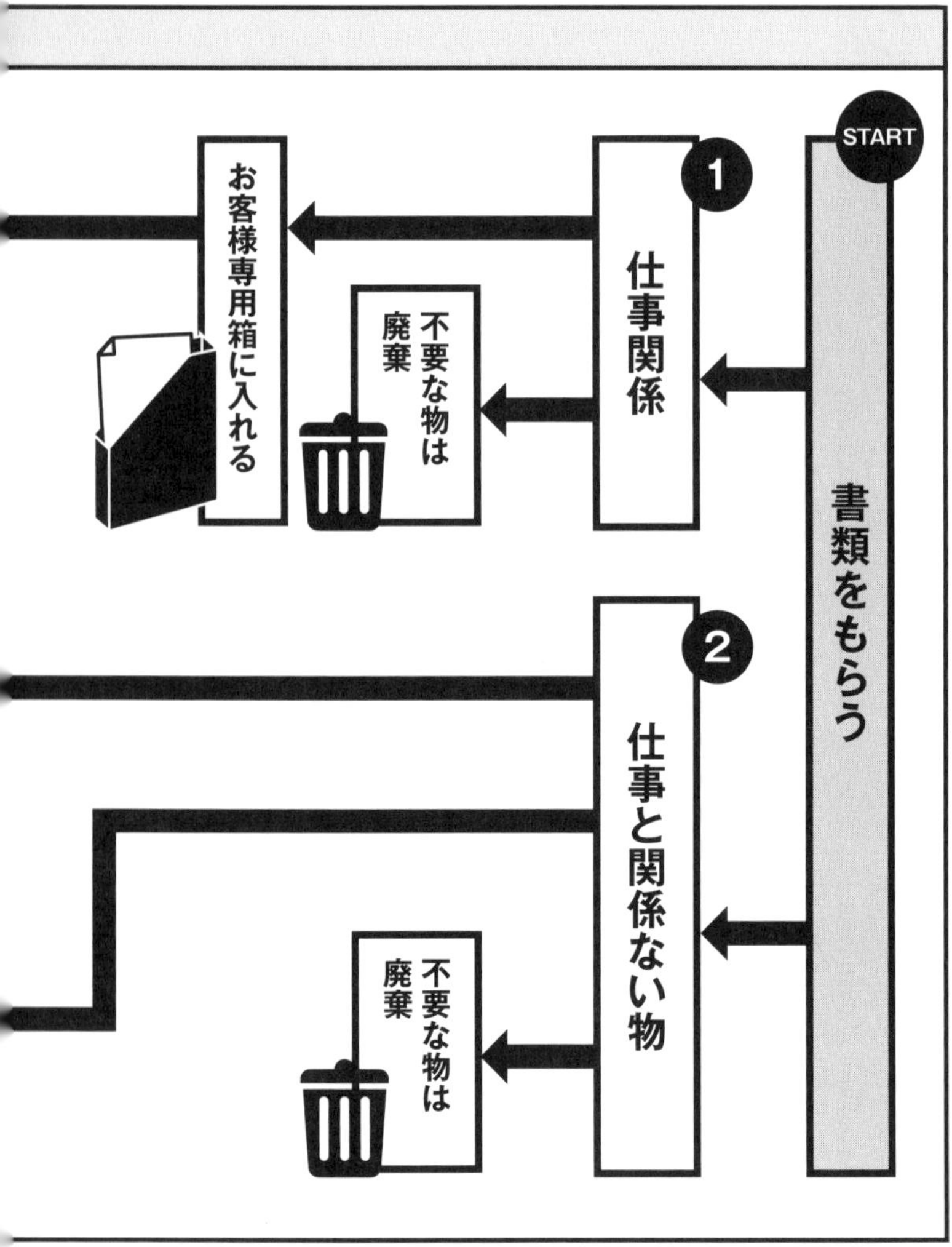
START
書類をもらう
1
仕事関係
不要な物は廃棄
お客様専用箱に入れる
2
仕事と関係ない物
不要な物は廃棄

図34　書類の超分類法まとめ

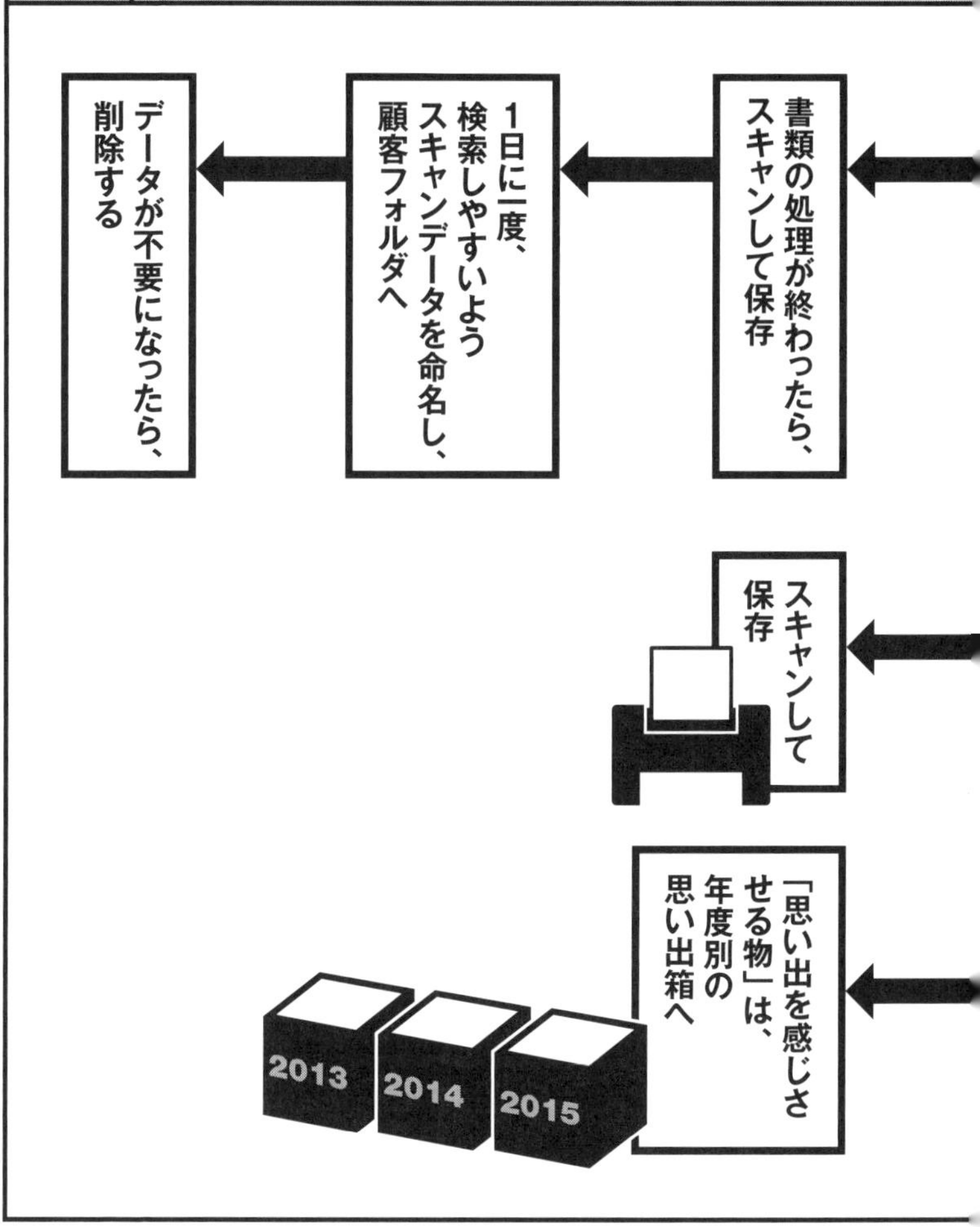

WEEK 3 35

43 Foldersで、書類探しの時間をゼロに！

私は、データは極力電子化するようにしていますが、紙の書類も日々出てきてしまいます。先方より送付されてきた招待状・案内状、今日行く場所の地図、出張のために手配してもらったチケット、支払いの払い込み票などです。

これらを整理するのに私は、『はじめてのGTD ストレスフリーの整理術』（デビッド・アレン著、田口元監訳、二見書房刊）で知った43 Foldersを導入しています。43 Foldersとは、43個のハンギングフォルダーで、12カ月365日の書類を整理する仕組みです。具体的には、次のようにして運用します。

①ハンギングフォルダーを43個用意します。
②そのうち31個のフォルダーのインデックスに1～31日の各日付をふります。
③残りの12個のフォルダーのインデックスに、1～12月の各月名を記入します。

図35　43Foldersで書類管理は完璧

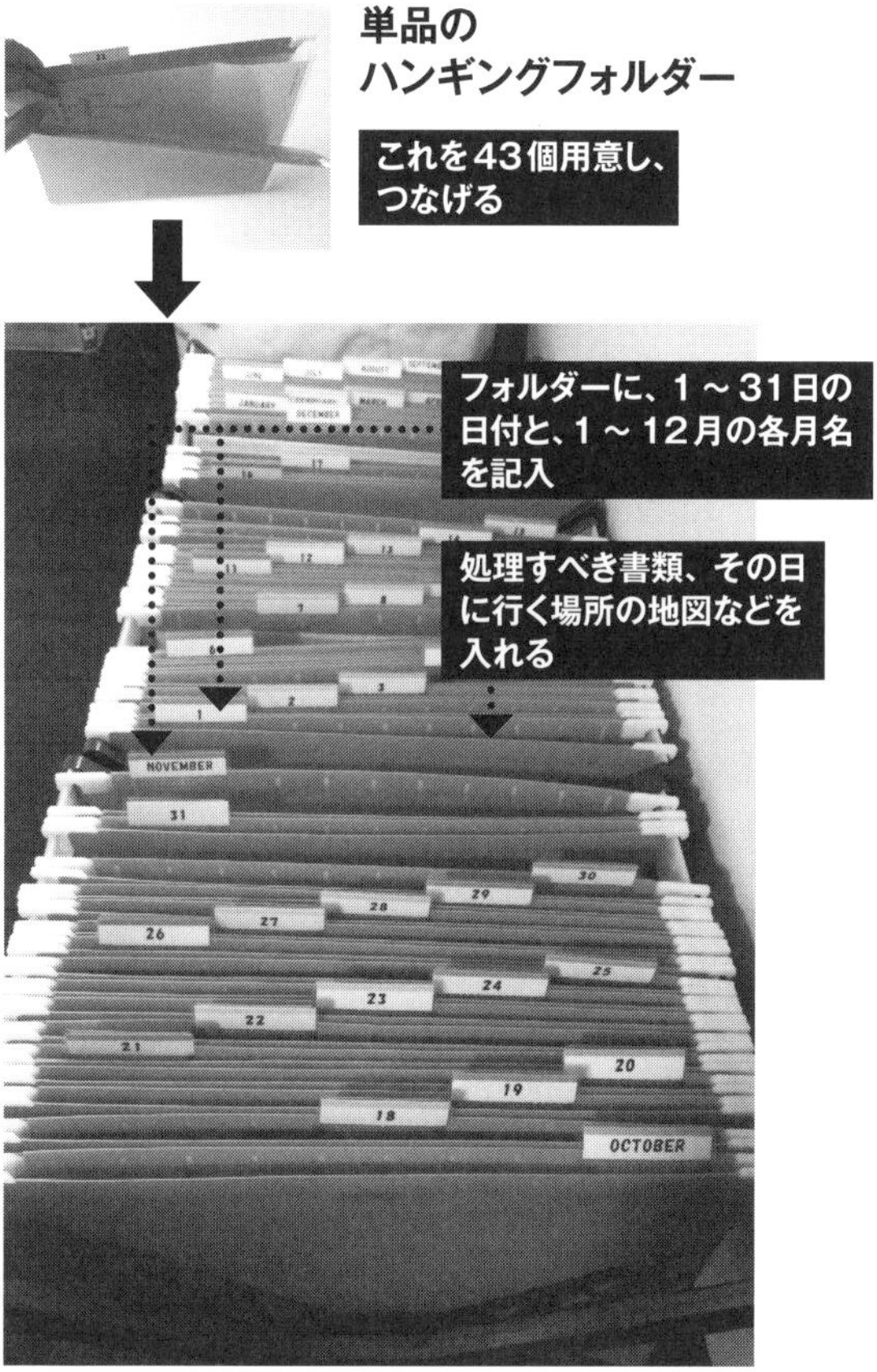
単品の
ハンギングフォルダー
これを43個用意し、
つなげる
フォルダーに、1～31日の
日付と、1～12月の各月名
を記入
処理すべき書類、その日
に行く場所の地図などを
入れる
NOVEMBER
OCTOBER

④②の日付フォルダーのうち、今日の日付から31日までを、ハンギングフォルダーの一番手前にくるようセッティングします。
⑤③の月のフォルダーのうち、来月のフォルダーを④の後ろへセッティングします。
⑥日付フォルダーのうち、1日から昨日の日付までを⑤の後ろへセッティングします。
⑦月のフォルダーのうち、再来月から先月までのフォルダーを、⑥の後ろへセッティングします。

後は、その日に処理すべき、あるいは使用する書類などを、その日もしくは、その月のフォルダーに放り込むだけです。そして、当日、あるいは当月になったら、個別フォルダーを開けて中身の書類を取り出し、処理・利用します。

つまり**43 Foldersは、書類などをフォルダーごとに整理し、未来の自分にそれらを先送りするタイムカプセル**と言えます。結果、「探し物の時間」が激減しました。

43個のフォルダーで、12カ月365日の書類を管理

図36	「お客様専用箱」と「43Folders」との違い

	お客様専用箱	43Folders
入れる物	**顧客に関する書類** 【例】 ・帳簿書類 ・作業に必要なメモ ・執筆や講演の依頼書や趣意書	**総務・庶務・プライベートに関する物で、その日の行動に必要な書類** 【例】 ・各種支払いの払込票 ・その日に行くところの地図、乗換え経路・時間を出力した紙 ・セミナーや講習会に参加する際に必要なチケット ・出張の際の乗車券
役割	書類処理までの一時保管	ある程度処理ずみの書類を使用当日に探さずにすむように
期限管理	マンスリーダイアリーとウィークリーダイアリーで管理（処理日が来たら、書類を取り出す）	43Foldersの日付のラベルで管理（当日、『その日』のファイルから書類を取り出す）
アクションの契機	ウィークリーダイアリーに記された処理日	朝、43Foldersの「その日」のファイルを開いて、アクションを起こす

ENVIRONMENT

WEEK 3
36

「1日1捨」で毎日グレードアップする!

デスクの引き出しの整理整頓のコツについて132ページでお話ししましたが、実は、もう1つコツがあります。

何か新しい物を入れるのであれば、何か1個捨てるか、使い切ってからにする、あるいは新しい物が「欲しい」と思ったら、今ある物で代用できないか考えることを心がけるようにするのです。というのも、**物を増やさないことは、時間をかけずに整理整頓できる、最大のコツ**だからです。

そこでみなさんに取り入れていただきたいのが「1日1捨」。文字どおり**「1日に1つ、捨てる」**ことです。これは、職場でも自宅でも私がここ5年間実践している習慣です。

本、服、小物、雑誌、使いかけの化粧品、あまり使わないアプリ……。なんでもいいのです。必ず何か1つ、物を捨てるようにしています。マイルールで、使い切ったときも「1捨」にカウントするようにしています。例えば、シャンプーを最後まで使い切ったり、マーカーをかすれるまで使い切ったりしたら、「1捨」です。物ではなく、**儀式化していて意味がない習慣を捨てたときも「1捨」にカウント**しています。

これにプラスして「先入れ先出し」を実践すると、なお効果的です。洋服を新しく買ってきたら、古い洋服のうち何かを1着捨てる。口紅は、何か1本使い切ってから新しいのを買う。それまでは新しい物は買わない。

「1日1捨」は物を増やさないようにするための、ちょっとしたコツです。

物を探す時間、整理整頓の時間が短縮される

物を探す時間を短縮するには、物をもたないことが一番大切です。それでもすぐ、物があふれかえってしまう人や「片づけるのが苦手」という人は、騙されたと思って「1日1捨」を地道に実践してみてください。1カ月も続ければ、びっくりするくらい、部屋や仕事場が片づいていきます。

「必要なもの」を見極める力が養われる

「1捨」には「儀式化していて意味がない習慣を捨てる」ことも入ると言いましたが、それは確実に効率化や時間の節約に結びつきます。

例えば私は、「毎朝職場の応接室を掃除する」という習慣を最近やめました。応接室の掃除は、来客の前後に行えば充分だということに気がついたからです。これで1日10分の時間が生まれました。

また、「1日1捨」を1年ほど続けてみたところで、自分自身の変化に気づいたのですが、**物に対して「これは本当に必要だろうか」と常に疑問をもつ姿勢は、人とのつき合い方や仕事の仕方など、物質以外の面にも次第に影響を及ぼしていきます。**これにより、意味のないつき合いや翌日に支障をきたしそうな誘いに、毅然と「NO!」を言えるようになりました。

「1日に1つ捨てる」ことを習慣にする

図37　「1日1捨」で、常に自分をグレードアップ!

「1日1捨」とは、
1日に1つ、何かを捨てること

使わなくなった物を
捨てる

意味のない日々の習慣を
捨てる（やめる）

↓

- **物を探す時間、**
  整理整頓の時間が減る
- **「必要なもの」を**
  見極める力がつく

WEEK 4

SPEED UP

仕事を
スピードアップさせる

WEEK 4
37

「やればできる」ではなく、「ラクして速く」と考える

3週目では、仕事のスピードアップに欠かせない「効率的な仕事環境作り」をマスターしました。

そして4週目では、仕事のスピードアップに必要なもう1つの要素、「仕事のスピードを上げるテクニック」を身につけていきましょう。

仕事のスピードを上げるというと、バタバタ焦って急いでやるイメージをもたれるかもしれませんが、決して雑にやるということではありません。

まず、仕事のスピードアップに欠かせない心がまえについてお話しします。それは、**「どうすればラクして速くできるようになるか」という発想をもつ**ことです。

私がこの考えに至ったきっかけは、税理士法人の代表をしていたときのある職員との出会いです。

「もっと効率的にできるはずだ」

彼はとても仕事ができるのですが、いい意味で変わっていて、我々経営陣が夜遅くまで仕事し、深夜に顧客にメールを送信することを、とても嫌がっていました。トップが「身を粉にして働く」雰囲気にあまりにも反抗的だったので、私も最初は、彼の態度に「ムカっ」としました。ところが話を聞いてみると、単なる反抗ではなく、トップがそういう発想では、事務所も進歩しないし、**顧客に効率的な経理事務の仕方も提案できないという理由から、反発していた**のです。私の仕事のやり方が変わる上で、彼とのやりとりは非常に大きな役割を果たしました。

それまで私は、夜遅くまで身を粉にして働くことこそ尊いことで、そんな後ろ姿を従業員にも顧客にも見せていれば、それだけで人を引っ張ることができると勘違いしていました。

でも彼は、税理士という仕事に憧れてこの業界に身を投じたのに、自分の直属の上司である私が、夜遅くまで仕事をし、プライベートな時間もなく、すり減っているような状況を見るのがたまらなく嫌だったのです。

根性論を捨てよう

その職員と仕事の仕方について話し合うまでは、私は「そんなこと言ったって、こんなに仕事があるんだから、夜遅くなったってしょうがない！」という考え方から抜け出せませんでした。

正直、部下からここまでいろいろ言われるというのは、気恥ずかしく、プライドもズタズタになる経験でした。しかし、ショックだっただけに、自分の今までの仕事や時間に対する考え方を見直すきっかけとなったのです。

それから、「依頼された仕事は、寝る時間やプライベートな時間を削ってでも、意地でも期限までに仕上げる」という従来からの根性論を捨て、**「この仕事は必ず終えてみせる。でも、ちゃんと定時で帰って、しっかり寝て、期限までに仕上げる」**と、別の部分を意識するようにしてみました。

その職員と話し合った手前、彼の「目」があります。結局何も変わらない上司と思われるのはしゃくでしたので、最初は「しかたなく」早上がりをしました。

しかし、早く上がっているだけでは仕事が片づきません。結果的にですが、「もっと仕事のスピードをアップできないか」を必死に突き詰めることができました。彼には心から感謝しています。

一番大切なのは「仕事への心がまえ」

次項から、具体的で実践的なテクニックをお伝えしますが、まずこの心がまえの部分から変えていってください。

テクニックはもちろん大事ですが、「寝る時間を削ってでも、いい仕事をしよう」という意識では、結局、仕事にかかる総時間が変わらないのです。

矛盾しているように聞こえるかもしれませんが、仕事を速くするために一番必要なのは、「がんばらず、少しでもラクに、もっと速くできないだろうか」というナマケモノとも言える発想なのです。なぜなら、世の中の発明のすべては「もっとラクになりたい！」から生まれたものなのですから。

✓「もっと速く、ラクをできないか」と常に考える

WEEK 4
38

スピードアップの基本は「マニュアル」から！

定期的に発生する業務については、必ずマニュアルを作りましょう。マニュアルとは「教科書、手順書」です。ところが、ベテランで自分の仕事に慣れた人ほど、マニュアルを軽視しがちです。

しかし仕事は、「次にどうやるんだっけ」と振り返ったり、考えたりすることで、手が止まり、時間のロスが生じます。

迷いや思考停止を吹っ切り、その時間のロスを排除するには、マニュアルを作成することが一番効果的なのです。

「ウチは特殊だ。マニュアル化なんてムリだ」と思われるかもしれませんね。

お客様への説明の仕方など、ムリしてすべてをマニュアル化する必要はありません。作業や業務を分解し、他の人にも再現してもらえそうな部分をマニュアル化するのです。マニュアルは、特殊でクリエイティブな仕事に注力・専念するために、そうでない部分を省力化するためのツールでもあります。

さて、ここで私がどのようにマニュアルを作成しているかお話しします。

マニュアル作成の3ステップ

STEP 1 最初は作業しながら、その手順を書きます。家電製品のマニュアルのような物ではなく、箇条書きで書いていきます。このマニュアルは要点が伝わればいいので、表現に凝る必要は一切ありません。

STEP 2 この箇条書きは、「何を」「どうする」を明確にすることだけを心がけましょう。例えば、「給与明細を入れる袋を用意する」などです。複数名で仕事をしている場合には、そこに「誰が」「いつまでに」という項目も記載するとよいでしょう。

STEP 3 箇条書きがすんだら、次のAとBのポイントに留意しながら、マニュアルの見直しを、作業ごとにしてください。

A　ムダな作業がないか

仕事の目的・内容に照らして、それらを完成・達成するために絶対に必要な作業項目だけを行っているかチェックします。ムダな作業項目は削除していきます。

B　代わりの方法がないか

ムダな作業を削除したら、必ずやらなくてはならない作業が残りますが、それらについて、もっと効率よく処理ができないか、代替案がないかも検討します。以前はできなかったことであっても、新たなサービスやツール、ソフトなどの導入により、実現可能となっている場合もありますから、これも定期的に検証します。

精度アップの3つのコツ

最初は時間がかかるかもしれませんが、マニュアルを練っていくごとに、その見直しの時間は短くなります。また、**マニュアル作成・見直しに要した時間は、必ずその後の作業時間の短縮により回収できます。**

次に、マニュアルの精度を上げるコツを3つ挙げます。

①1つひとつの項目はできるだけ短くする（仕事を細かいタスクに分ける）
②できるだけ具体的に書く（あいまいな表現ではなく、可能な限り数値で表す。例えば、『領収書は10枚溜まったら、処理していく』など）
③常識で考えればわかることも書く（『現金の残高を合わせる』など）

①は、仕事を細分化することにより、忙しいときの隙間時間などにその仕事を少しでも進められるようになります。②は、料理のレシピを想像していただくとよいかもしれませんが、誰がやっても品質が安定し再現性を確保するためのコツです。③は、仕事の慣れからくる凡ミスを防ぐためです。マニュアル作成においては「そんなこと、常識で考えればわかる」は禁句です。

次ページに、私が事務所で使用している「名刺整理マニュアル」を参考までに載せておきます。作業の分解の程度がイメージできるかと思います。

スピードアップの基本は「マニュアル」から

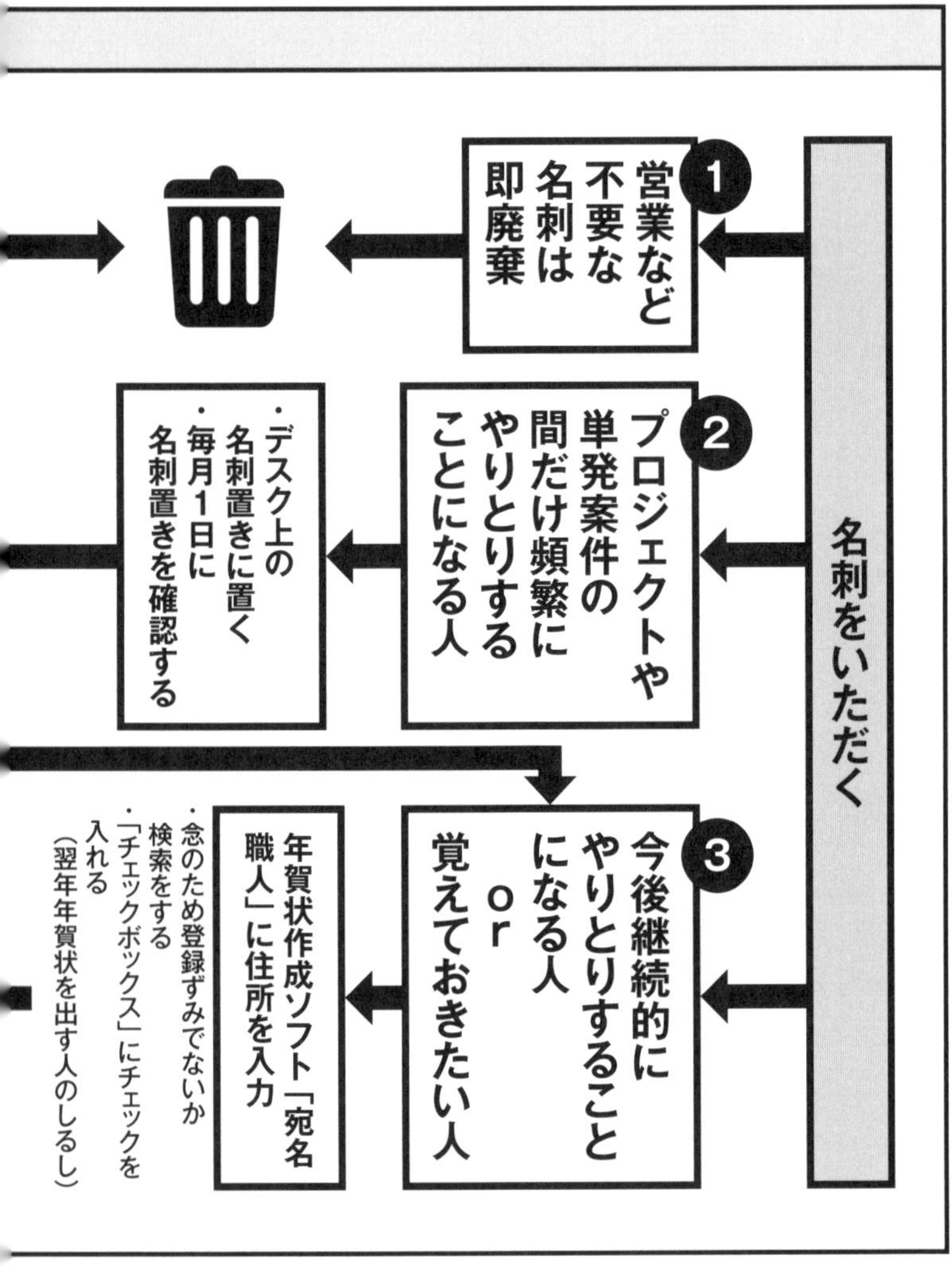
名刺をいただく
1 営業など不要な名刺は即廃棄
2 プロジェクトや単発案件の間だけ頻繁にやりとりすることになる人
・デスク上の名刺置きに置く
・毎月1日に名刺置きを確認する
3 今後継続的にやりとりすることになる人
or
覚えておきたい人
年賀状作成ソフト「宛名職人」に住所を入力
・念のため登録ずみでないか検索をする
・「チェックボックス」にチェックを入れる
（翌年年賀状を出す人のしるし）

図38　私の名刺整理マニュアル

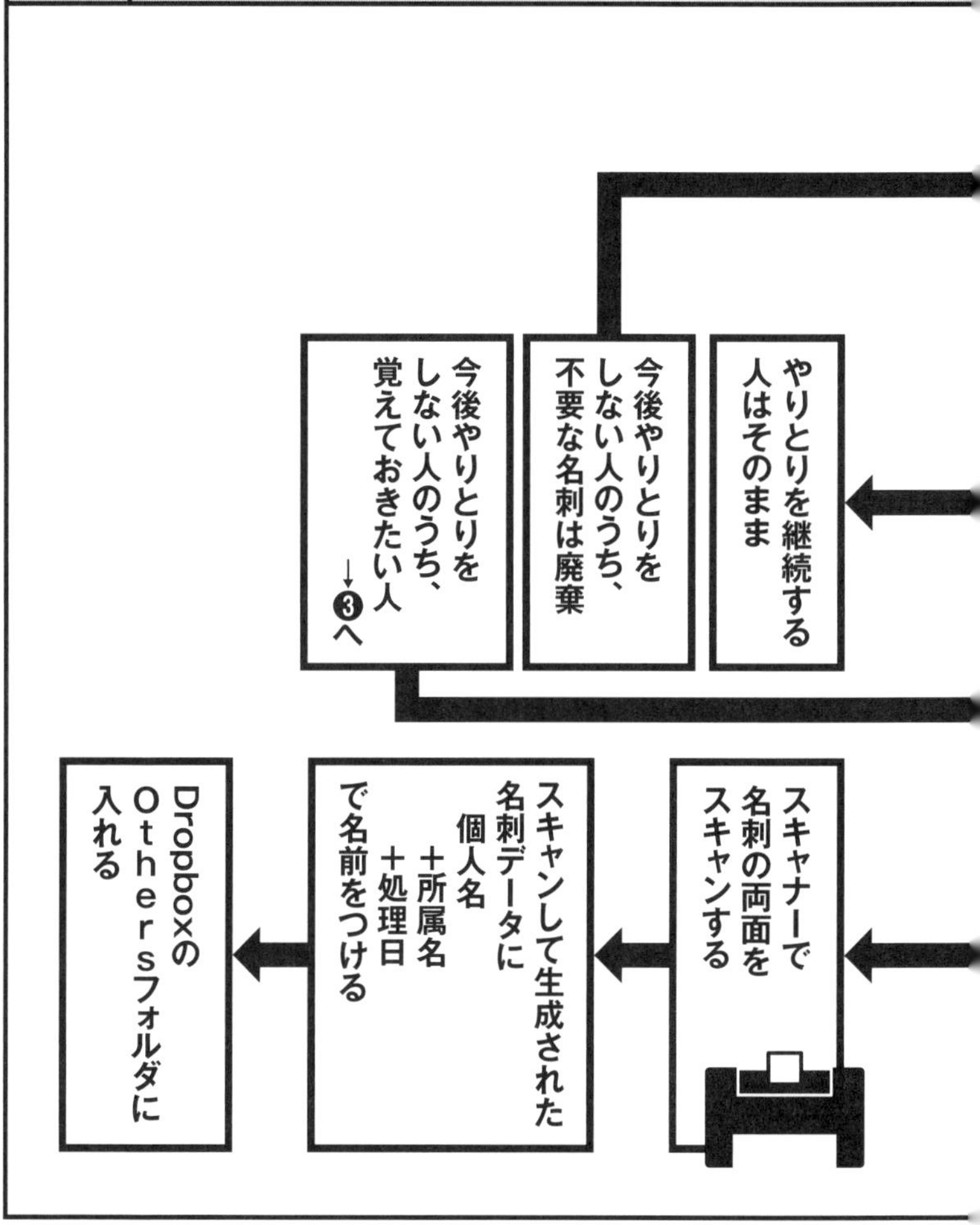

WEEK 4
39

「チェックリスト」を作れば、作業スピードがアップする

次に作るべきは、チェックリストです。先ほどのマニュアルと、このチェックリストは、非常に混同されやすいので説明します。

マニュアルは先ほどお話ししたとおり、いわば「手順書」「手引き」です。チェックリストは、マニュアルに基づき仕上げた仕事について、外部に出す前に**「最後にこれだけチェックしておけば、大丈夫」というポイントをまとめたもの**です。これに沿って確認をすることで、ミスを防止し、品質が保証されます。

チェックリストは一般に、「品質を保ち顧客満足度を高めるためのツール」というイメージがあるかと思います。

では、なぜこれがスピードアップにつながるかをお話ししましょう。

まず、チェックリストにより**「最低限、ここだけ合わせればよい」という思考停止**

状態を作ることができます。結果、「これで大丈夫かな?」という迷いをなくすことにより、作業スピードがアップします。また、チェックリストを使わずに仕事をしたことでミスが生じた場合、結局、クレーム処理などの事後対応により、チェックにかける何十倍もの時間を失います。そのロスたるや、1年で考えたら何十時間になることか。「急がば回れ」を実践するためにも、チェックリストは必要です。

ミスをしたこと、失敗したことをリストにする

次に、チェックリストを作成する方法です。

これは、「ミスをしたこと」「失敗したこと」をリストにするのはもちろん、ミス未遂の「ヒヤリ」としたことも記録し、残しておきましょう。

私の例でお話ししますと、顧客である社長との決算打ち合わせを、出先の喫茶店で行ったときのことです。いざ申告書に署名押印しましょうという段になり、私も社長も「どうしよう! 朱肉がない!」ということに気づき、とても焦りました。喫茶店にも近所のコンビニにも朱肉がなく、隣の商店で借り、ことなきを得ましたが、私はその日のうちに「外出時もち物チェックリスト」を作成し、そこに「朱肉(外部での

決算打ち合わせ時）」を入れました。

次に、チェックリストを作成する上で心がけたいことです。それは「**過剰品質」にしない**ということです。

項目がたくさん並んでいるチェックリストは見た目には美しいのですが、チェックリストは、あくまでも業務改善と効率化のためのツール。やみくもにチェック項目を増やしてしまっては、作業そのものが形骸化し、「儀式」になってしまいます。チェックモレが出てくる可能性が高まり、これでは本末転倒です。

そこで、チェックリストに盛り込むのは「ここだけは確実に合っていなくてはいけない、死守しなければならない」というポイントだけに絞り、「**ここは多少難があっても、大勢に影響はない」という部分は排除**するようにします。

もう1つ心がけているのは、完成した申告書などの成果物は一晩寝かせることです。そして翌日、新鮮な気持ちでチェックリストを使い、確認しています。

致命的なポイントに絞ったチェックリストを作成する

図39	ちょっとしたチェックリストで、ミス激減!

メール送信前の
チェックリスト

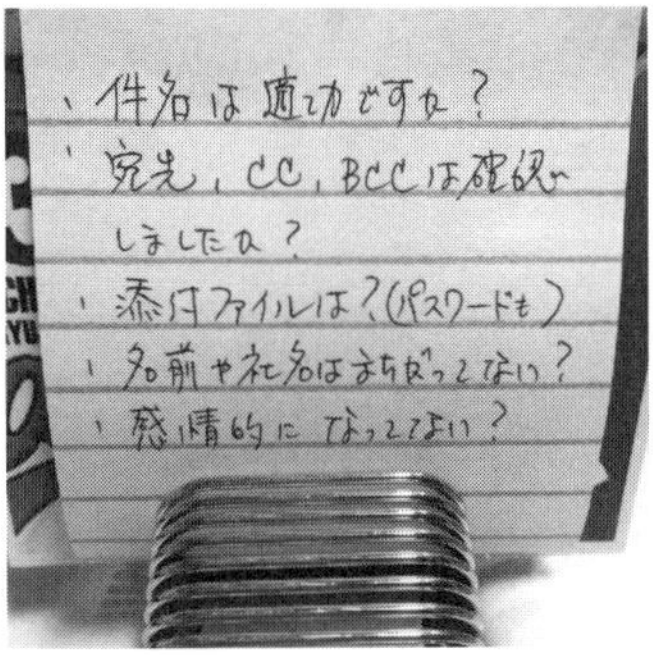

ファクス送信時の
チェックリスト

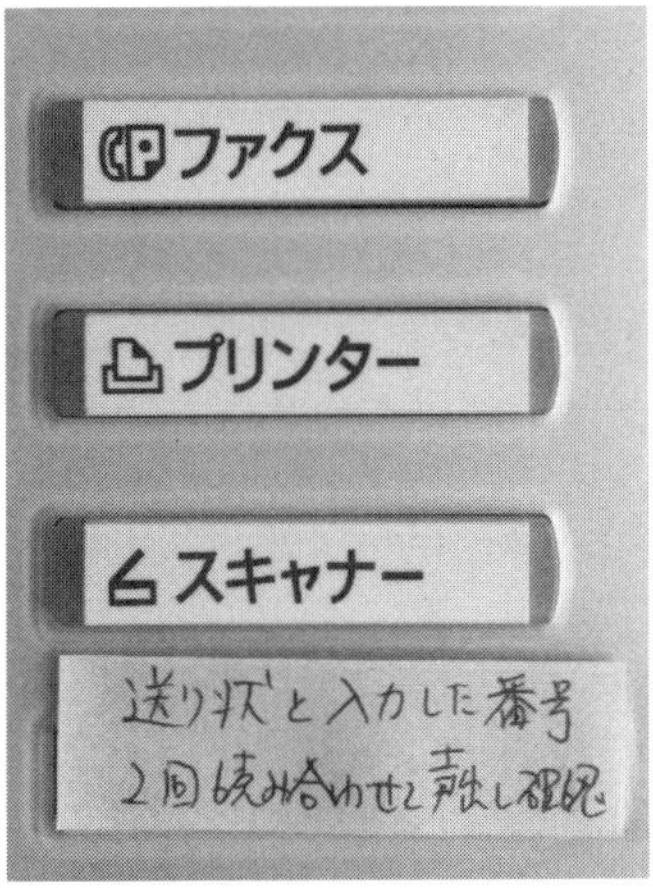

これも立派なチェックリストの一例!

WEEK 4
40

メールストレスゼロ！2つのコツ

今や仕事の連絡手段としては必須、というより主流となったメール。しかし、これが仕事上でストレスになっているという方も多いのではないでしょうか。

「他のデスクワークをしていても、デスクトップ上にスッと現れるメールの受信通知が気になってしょうがない！」

「メール処理を怠ると、メーラーの受信トレイ上にメールが溜まったことが可視的にわかるので、心理的圧迫がすごい！」

大きく分けてこの2つがストレスの原因ではないでしょうか。

しかも、メールに気を取られたり、億劫に感じたりすることで手が止まり、目の前の仕事が中断してしまうこともあります。結果として、こうしたメール対応が時間を食う原因にもなるわけです。

そこで、この2つのストレスを取り去り、メールにかける時間を減らす方法をお伝えします。すぐにできることばかりですから、ぜひ、実践してみてください。

①メールの受信通知に気を取られないようにする

私は仕事の妨げにならないよう、**メールのデスクトップ通知を完全オフ**にしています。例えば、マイクロソフトのOutlookなら、「ファイル」→「オプション」→「メール」→「メッセージ受信」の「新しいメッセージが到着したとき」のチェックボックスのチェックを外します。これでメール到着のリアルタイム通知がなくなります。

ちなみに私は、スマートフォンも、メールだけでなく、MessengerやLINE、Twitterなど、通知を外せるものは可能な限り外しています。

これでメールを気にせず、目の前の仕事に集中できます。「でも、大事なメールを見逃しそうで怖い」という方もいらっしゃるかもしれません。大丈夫です。急ぎであったり、重要度の高い用件のときは、いくらなんでも相手も電話で直接連絡してくるはずです。ただ、**通知を完全オフにすることに抵抗がある方は、メールの受信間隔を15〜30分と長めにする**だけでも、効果があります。

②溜まっていくメールから受ける心理的圧迫を取り去る

溜まっていくメールについては、定期的、かつ、意識的に、メールに対応する時間を設けることが有効です。

私は、**メールを確認して返信をする「へんしんタイム」を午前に20分、午後に20分設けています。**1日2回時間を決めて対応をすれば、12時間以内には返信ができるわけですから、相手も「放置されている！」とは思わないでしょう。

そしてもう1つ、メールを溜めず、かつ、メール対応が時間泥棒になるのを防ぐためのコツとして、「一度チェックしたメールは二度読まない」というルールも自分に課しています。

私は、移動中の隙間時間を使って、スマートフォンでメールの確認をするようにしています（事務所宛てのメールを、スマートフォンで送受信できるようにしています）。出先から戻ったらすぐに、スマートフォンでチェックしたメールを、受信トレイから既読（アーカイブ）トレイに移動させています。

また、「○○してください」系のメールの場合は、その「○○」の内容をマンスリー（ウィークリー）ダイアリーに記入したら、既読トレイに移動させます。これだけでも、**「あれ？　このメールなんだっけ？」と考え込むことがなくなり、目の前のやるべきことに集中できる**ようになります。

メルマガはどうする？

さらに余計なメールが来ないよう、メーリングリストやメルマガにむやみやたらに登録しないことも大切です。受信トレイに溜まっているメールは、この手のものが多かったりします。名刺交換だけした人から勝手に送られてくるようなメルマガは、即購読解除しています。

自発的に登録したメルマガでも**「24時間以内に読まなければ、既読トレイ行き」**にするようにしています。メルマガの情報は旬のものが多いですし、一両日中に読めなければ「きっとご縁のなかった情報なんだ」と割り切るようにしています。

✓ **「通知オフ」「午前・午後のへんしんタイム」でメールストレスゼロに**

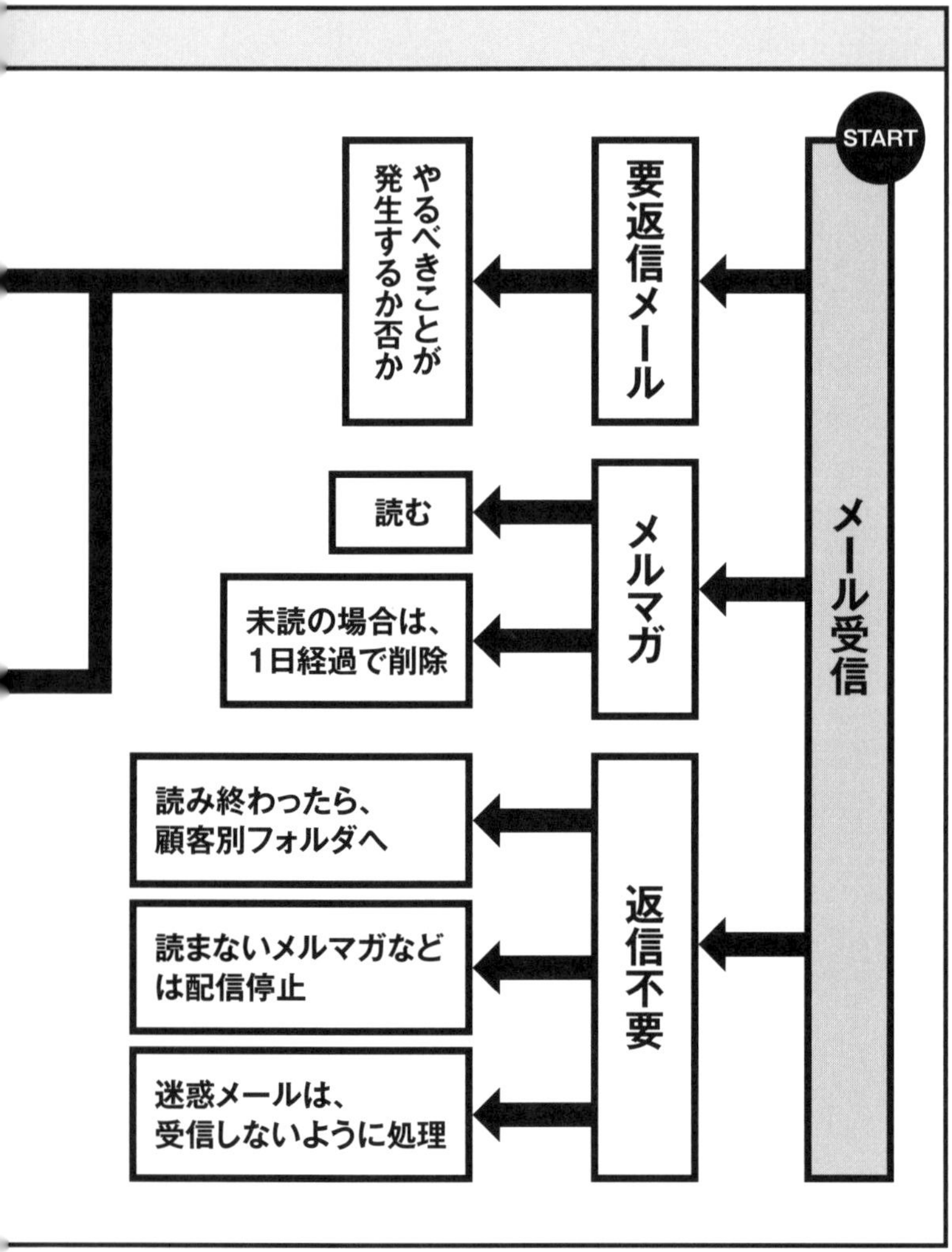
START
メール受信
要返信メール
やるべきことが発生するか否か
メルマガ
読む
未読の場合は、1日経過で削除
返信不要
読み終わったら、顧客別フォルダへ
読まないメルマガなどは配信停止
迷惑メールは、受信しないように処理

図40　超速メール処理法まとめ

●やるべきこと未発生
受信、返信メールともに、
顧客別フォルダへ

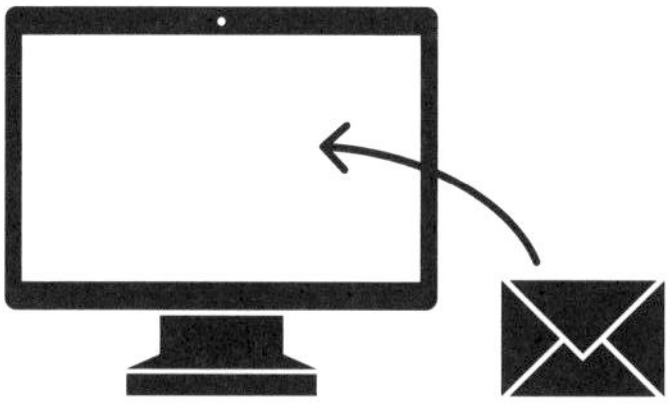

●やるべきこと発生
マンスリー（ウィークリー）
ダイアリーに記入

メールを顧客別フォルダへ。
その仕事の途中でも、
メールを受信トレイに残さない

※受信トレイをToDoリスト
代わりにしない

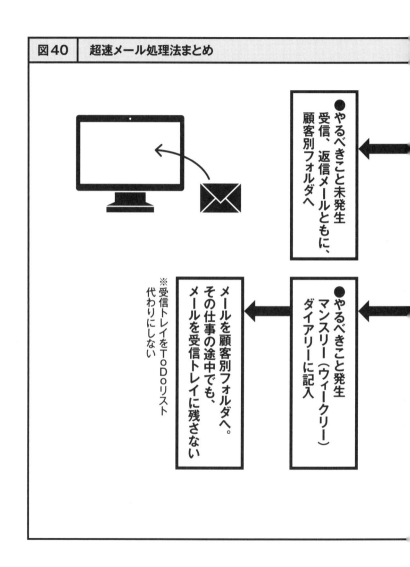

WEEK 4
41

メールはスピードが命！辞書登録を活用する

「メールに名文はいらない」ということを肝に銘じましょう。10年ほど前、とても仕事ができる人と頻繁にメールのやりとりをしたのですが、その方のメールはいつも誤字脱字だらけでした。でも、ちゃんと意味は通じるし、返事は一両日中に返ってきます。「これでいいんだ！」と、その人から学びました。**ビジネスメールに大切なのは、用件を伝えることと、タイムリーに返す**ことです。多少文法がおかしくても、字が間違っていてもかまいません。ただし、社名と人名だけは間違えないように！　そして、返信スピードをアップさせるために、よく使うフレーズは辞書登録をしましょう。

✓ **辞書登録を活用して、メール返信のスピードアップ！**

図41	メール返信のスピードアップ！　辞書登録を活用！
おせわ ➡	いつも大変お世話になり、ありがとうございます。木村税務会計事務所・木村です。
おつ ➡	お疲れ様です。木村です。
こんご ➡	今後とも宜しくお願いいたします。
さっそく ➡	早速のご連絡、ありがとうございます。
けいたい ➡	念のため携帯の番号をお知らせいたします。090-XXXX-XXXX
ふぁいる ➡	※ファイルにはパスワードをかけております。この後、別メールでパスワードをお知らせいたします。
りょうかい ➡	了解いたしました。
できき ➡	出先よりiPhoneからのメールにて失礼いたします。
いじょう ➡	以上、用件のみで恐縮ではございますが、宜しくお願い申し上げます。
おいそ ➡	お忙しいところ恐縮ではございますが、宜しくお願い申し上げます。

よく使うフレーズを登録し、
どんどん増やしていこう!

WEEK 4
42

1週間で1時間の差が出るオススメショートカットキー10

仕事のスピードアップには、ショートカットキーが欠かせません。ブラインドタッチのマスターも大切ですが、ショートカットキーをマスターすることで簡単に入力速度を上げられます。しかも手首や肩が疲れにくいと、いいことずくめです。

私がショートカットキーの便利さに目覚めたのはもう10年前のこと。顧客の経理の女性と**「いかにマウスを使わずＥｘｃｅｌで作表をするか」をゲーム感覚で競ったのがきっかけ**でした。そのときに、ショートカット機能でこんなことまでできるのかとびっくりし、その便利さに、もうマウスを使う生活には戻れないとさえ思いました。

✓ **ショートカットキーは、「遊び」を取り入れると、覚えやすい**

図42　オススメショットカットキー10

ショートカットキー	内容
Alt＋← Alt＋→	ウェブページを閲覧する際、前後のページに戻るのをマウスでするのはめんどう。Alt＋←で「戻る」、Alt＋→で「進む」です
Ctrl＋P	ウェブやWordなどを印刷する際は、Ctrl＋Pで印刷の詳細を設定する操作画面を呼び出すことができます
Ctrl＋Tab	アプリケーション（ソフト）内のタブを、左から右へ切り替えていきます。タブ型ブラウザや、ブックの多いExcelに便利です
Ctrl＋C	選択した範囲をコピーします
Ctrl＋V	コピーした内容を貼りつけます
Ctrl＋X	選択した範囲を切り取ります （どこかに貼りつけると、切り取った部分は消えます）
Alt＋Tab	大量のアプリケーションのウィンドウを開いているときなどに、画面を切り替えていきながらの作業が可能になります
Ctrl＋F	文章やウェブの中の文字列を検索します
Ctrl＋Z	直前の操作の作業前に戻します
F12	名前をつけて保存します

※ショートカットキーは、多くのアプリケーション（ソフト）にも共通して使うことが可能です。
例えばCtrl＋Cは、WordでもExcelでもウェブブラウザでも使用できます

WEEK 4
43

「動線管理法」で、仕事のスピードを上げる

仕事のスピードが落ちる原因の1つに、「必要な物が手に届く位置にない」「いちいち立ちあがって必要な物を取りに行かなければならない」というものがあります。1つひとつの動作はちりであっても、積もれば山となり、時間泥棒になってしまいます。そこでこれらを解消すべく、デスクや仕事部屋の模様替えを、自分の動線を考えながら行ってみましょう。

3週目の「定位置管理法」と似ているようですが、明確な違いがあります。**定位置管理法は物を探さないようにすることが目的で、この「動線管理法」は、効率よく動けるようにすることが目的**です。

動線管理に基づいた模様替えの考え方は「小さな料理店の厨房のごとく」です。きっかけは、よく行く近所の小さな中華料理店でした。U字形のカウンターの奥に小

さな厨房があり、中がまる見えです。その狭い店内で、母と息子がランチタイムの混雑を切り盛りしている様子は、眺めているだけでも壮観なのですが、観察してみると、とても合理的な動線になっています。物を取りに行く動きが最小限になるように、そして、ぱっと見てわかるよう器具や食材を配置しているのです。

次第に「ウチの職場もこんなふうにできないかなぁ」とアイデアが湧いてきました。そこで、**最短・最小の動きになる**よう物を配したイメージ図を描きました。

それを取り入れて、よく使う物は、椅子に座っていても手が届く場所に配置しました。例えば「今日やらなくてはならない仕事」に関する資料は、袖机の中段に配置などと、自分の動線を考えたデスク配置にしたのです。181ページに私のデスクまわりの写真を載せてあります。

「動線管理法」を導入するには？

動線管理を踏まえた模様替えをする際のコツですが、「やってみよう」と思う1カ月くらい前から、**自分の作業の分析をします**。といっても、決して大層なことではありません。考えるべきことは次の6つです。

①右手（利き手）でやること
②左手（利き手の反対の手）でやること
③頻繁に（30分以内に1回以上）やること
④ときどき（2～3時間以内に1回以上）やること
⑤たまに（1日に1回以上）やること
⑥めったにやらないこと

まずこれらを分析します。そして、利き手側に①を配し、反対側に②を配し、③を席を立ち上がらずに取れる距離に、さらに④→⑤→⑥を自分に近いところから遠いところに配していきます。パーソナルスペースの動線管理は、このくらいでも充分です。

デスクをコックピットにするような感覚で、自分なりの仕事スペースに仕立ててあげてみてください。

✓ デスクや仕事部屋は「動線」を意識する

図43	動線管理でスピードアップ!

1つひとつの動作を最速で行うためのセッティングを考えよう!

筆者のデスクまわりセッティング例

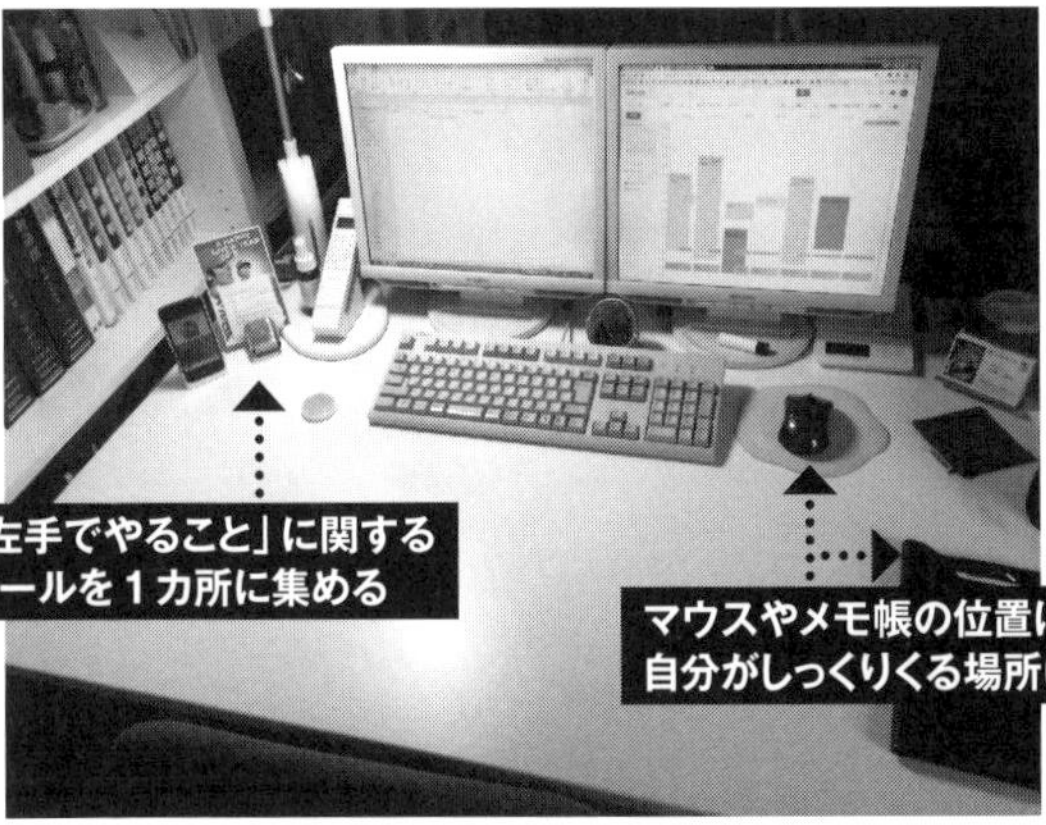

「左手でやること」に関するツールを1カ所に集める
マウスやメモ帳の位置は、自分がしっくりくる場所に

左手（左側）でやること	右手（右側）でやること
・固定電話の受話器を取る ・スマートフォンを取る ・資料をめくる ・資料を参照する ・電卓をたたく	・筆記 ・マウスの操作 ・ハサミ、カッターを使う ・お茶を飲むときに器をもつ ・ごみを捨てる ・書類などを仮置きする ・急ぎでメモを取る

WEEK 4
44

打ち合わせの質とスピードを上げる3つのポイント

仕事とは相手あってのものなので、打ち合わせやミーティングは大事です。しかし、「今日の打ち合わせは失敗したな」「うまくかみ合わなかった」と思うこともあるのではないでしょうか。私も税理士法人の代表時代に、「笛吹けども踊らず」ということが多々ありました。

そこでまず、事前準備をぬかりなく行うことにしました。**資料と議題は事前に共有します**。これで、資料を打ち合わせ中に「確認する→読む」というムダがなくなります。

そして**時間を決める**こと。エンドレスはなしです。「30分で終わり」「アイデアが○個出たら終わり」とゴールを決めて行うことで、ダラダラを防止します。可能であれば打ち合わせは25〜30分がいいですね。25分経てば、人間の集中力は切れてしまうからです。それ以上長引くのであれば、25分ごとに5分の休憩を入れましょう。

また、**儀式のような打ち合わせはしない**勇気も必要です。私の場合、毎月の訪問でしっかり決算に向けて合意が形成がされている顧客については、決算打ち合わせをしていません。これは顧客にも好評です。

①段取りが悪いまま行われている
②終わりの時間が設定されておらず、ダラダラする
③行うこと自体が儀式のようになっている

この3つを排除した打ち合わせを意識してみませんか。自分が会議を主催する場合などは、特に心がけたいことです。打ち合わせ・会議を成功させるためには、事前準備を大切にし、「儀式」なら開催しない勇気をもち、時間をかけすぎないことです。

日常的な打ち合わせ・会議を見直す

WEEK 4
45

「自分催促マシン」Toodledoを使ってみよう

これからお話しするウェブサービスを利用した時間管理法は、私が5年間にわたり実践しているものであり、その便利さを痛感しているので、ここに紹介させていただく次第です。

Toodledo（http://www.toodledo.com/）というウェブサービスをご存じでしょうか。Toodledoはやるべきことをタイムリーに提示してくれる、高機能なオンラインＴｏＤｏリストです。具体的には、次の６つの利点があります。

①ＴｏＤｏの可視化ができる→やるべきことに「期日（期限）」や「タグ（顧客名）」などの属性を割り振ることができる

②スケジューリング効果が高い→今日やるべきことをタイムリーに提示してくれる

③時間の「予実管理」がラクにできる→個々の仕事・タスクに何時間かかったかの計測が容易で、1日の予定がこなせなかったとき、その原因を簡単に分析できる
④目の前のことに集中できる→目の前のこと以外は気にならなくなる
⑤達成感が得られる→仕事・タスクを片づけるごとに、ブラウザ画面でチェックボックスをクリックして消すことができ、ちょっとした達成感を得られる
⑥マニュアルやチェックリスト代わりにもなる→仕事・タスクに情報をくっつけて管理することができ、マニュアルやチェックリストとしても活用できる

Toodledoは、現在英語版しかないので、最初の設定などが難しいかもしれません。使い方の解説をしているウェブサイトも多いので、ぜひトライしてみてください。

【私のToodledo使い方の解説ページ】
http://blog.kimutax.com/archives/cat_50056499.html

✓ Toodledoを使ってみよう!

WEEK 4
46

「時間の予実管理」で、どんどん時間が増えていく

「今日は○○と△△をやろう」と、漫然とやることを決めたものの、「○○は途中までしかできなかったし、△△は全然できなかった……」と自己嫌悪に陥ったことはありませんか。

これは、**「自分キャパ」（自分が1日で、何を、どれくらいできるか）を知らないために起こる**ことです。

私もそうでした。税理士として開業したての頃、優先順位や自分の仕事の速度も考えず、「今日は決算2件と、従業員が組んだ決算のレビューと、執筆をやろう！」と、やりたいことをただただ書き出していました。結果、その仕事は終わらず「自分はなんで仕事ができないんだろう」とすごく失望しました。

でも、それは当然なのです。なぜなら、40時間かかる仕事を、たった1日でやろう

としていたからなのです。私に限らず、人間は意気込みが先行してしまい、「自分キャパ」を超えた1日をデザインしてしまいがちです。

「1日で、自分に何ができるか」を知る

そこで私は、「自分キャパ」を正確に知ることから始めました。具体的には、**睡眠時間を含めた仕事やタスク1つひとつの作業時間を見積もること**です。

「打ち合わせ1時間」「議事録作成30分」といった仕事はもちろん、「朝食準備15分」「入浴30分」といった家事や日常生活の時間もすべて見積もります。初めてやる仕事や企画書作成のような仕事は、見通しが難しいかもしれませんが、必ず時間を見積もってください。時間の見積もりを何回かやると、おおよその検討はつくようになります。

1つひとつの仕事・タスクの時間を見積もり、積み上げると、最初は「自分は24時間でこれぐらいのことしかできないのか……」とがっかりするかもしれません。でも大丈夫です。**1日で自分ができる仕事の分量を、感覚ではなく、シビアに見積もる習慣をつける**ことが目的なのですから。

図44 「自分キャパ」を把握しておく

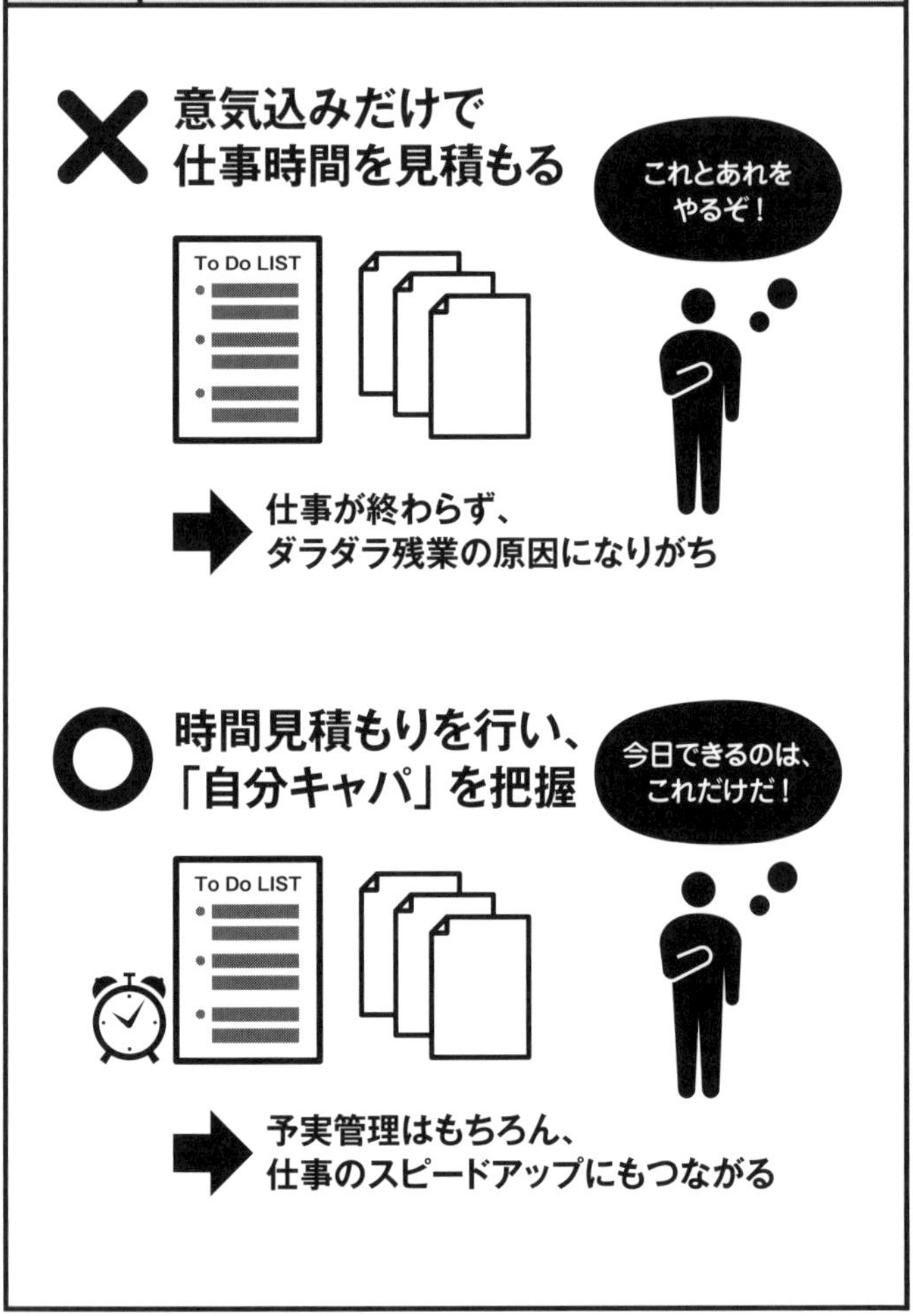

次は、「時間の予実管理」を行っていきましょう。これは「この仕事には○分かかる」と、仕事にかける時間（予算）を決め、実際にかかった時間（実績）との差を管理するということです。

時間感覚が磨かれる

この「時間の予実管理」の最大のメリットは、時間に対する感覚が研ぎすまされることです。**時間が有限であることを意識しつつも、その限られた「予算」の中で賢く時間を使うことができるようになります。**

例えば、定時の後に残業すると、なぜか時間が無限にあるように感じがちです。自分締め切りを「終電まで」に設定しがちで、ダラダラ夜食を食べに外に出てしまったり、「ちょっと気分転換」と同僚と喋ったりしてしまいます。「終電まで」という時間の枠の中で、早く終わらせるべき仕事もどんどん遅れてしまいます。このように、「この仕事は○時間で」という制限なしに仕事を行ってしまうことが、最大の時間泥棒なのです。

「時間の予実管理」のメリットは他にもあります。

「予算」が決まっているため、「ムリのない納期」を約束できるようになります。優先順位も、よりシビアにつけることができるようになるでしょう。自分から手放すべき仕事について、同僚や外注に割り振る判断もできるようになります。

「自由時間」を増やしていこう！

時間の予実管理に慣れたら、思い切って「1時間の自由時間」を作ってみましょう。つまり、睡眠時間を含めた従来の1日分の行動予定を、23時間で組むわけです。

私は、15～18時を自由時間にすべく、「15時までに仕事を終わらせる」というルールを自分に課しました。このように「**○時までに仕事を終わらせる」「○～○時は仕事をしない」というルールを自分に課し、加えて仕事の効率化・スピードアップに努めれば、必ず実現できます。**ここまでご紹介してきたメソッドを活用し、1日の自由時間をどんどん増やしていってみてください。

✓ 「自分キャパ」を知り、「時間の予実管理」を行う

図45　1日を27時間に変えよう!

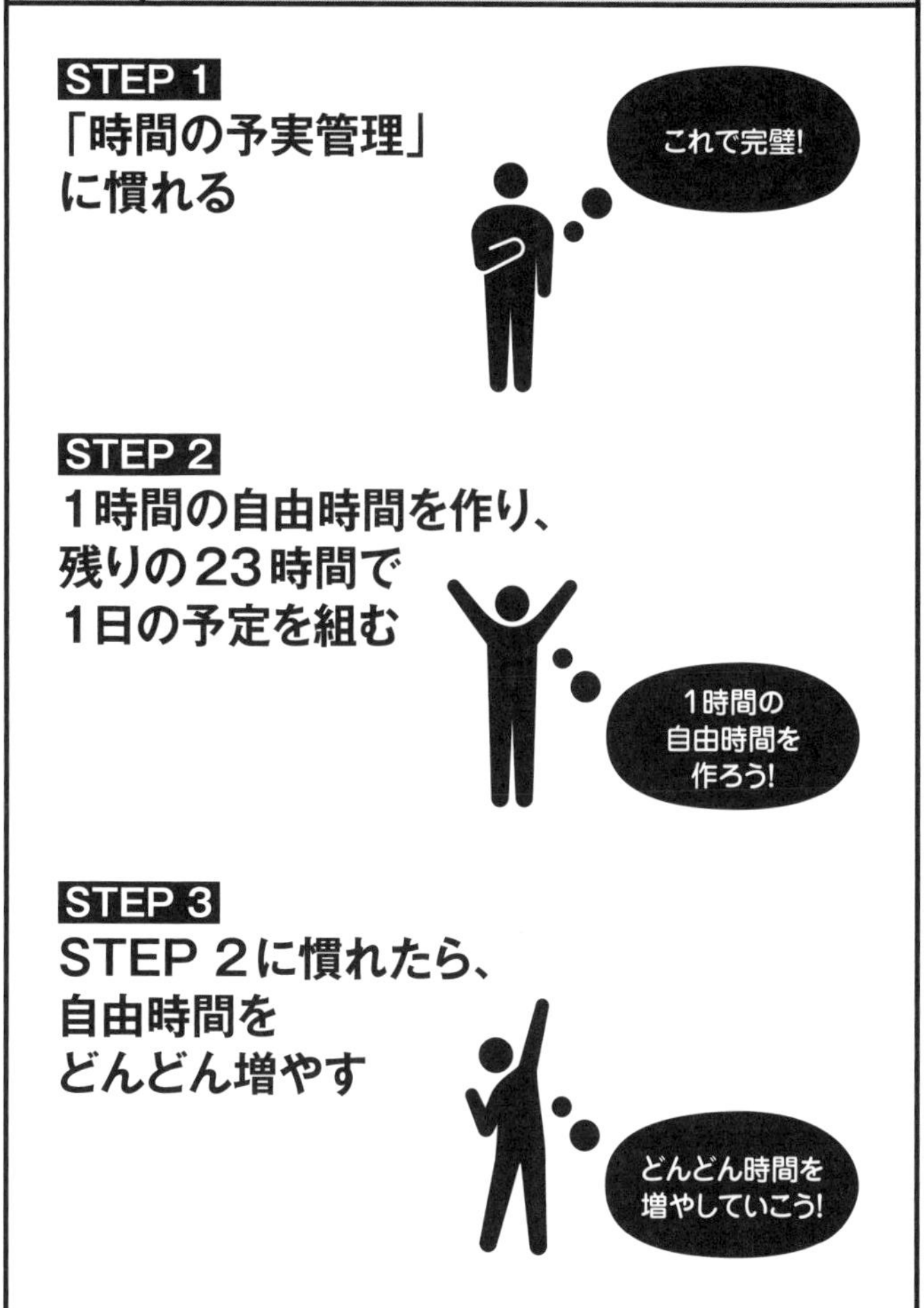
STEP 1
「時間の予実管理」に慣れる
これで完璧!
STEP 2
1時間の自由時間を作り、残りの23時間で1日の予定を組む
1時間の自由時間を作ろう!
STEP 3
STEP 2に慣れたら、自由時間をどんどん増やす
どんどん時間を増やしていこう!

おわりに

「1日を27時間にする」と覚悟を決める

ここまでおつき合いいただき、本当にありがとうございました。

本書の内容を実践し続ければ、1日3時間、あるいはそれ以上の時間を生み出すことも可能です。

さて最後に、**このプログラムを実行し続けるための「心がまえ」**についてお話しします。これは、このプログラムの実践だけではなく、周囲に流されず何かを成し遂げていく上でも役立つことです。

これまでお話ししたことについて、「確かに、やれば時間管理の達人になるだろうし、1つひとつは難しいことではないけれども……」と、実行するのに尻込みしてしまう方もいらっしゃるかもしれません。なぜなら、実際に実行し続けるには、勇気がいるからです。

27時間生活をするためには、朝早く起きます。そして夜早く寝ます。
1日の行動の時間計測をします。
仕組み作りにこだわります。
仕事はすべてマニュアル化します。
やることやつき合いを絞ります。
テキパキ仕事を終わらせ、定時になったらさっと席を立ちます。
22時に寝るために、どんな会合も一次会で「さようなら」と断ります。

こんな感じですから、変人と周囲から思われるかもしれません。職場の人はもちろん、ときには友人や家族からも変人と思われることでしょう。こういった他人の目が気になってしまうという方は、まず、**「周囲からどう思われてもいい」というメンタリティを作る**ことが、本書のプログラムを実践する上で、非常に重要です。そのために次の3点を心がけてください。

①なぜ1日を27時間にしたいかを明確にして、周囲に宣言する

「子どもと毎日触れ合う時間をもちたい」

「難関の国家資格を取りたい」

「新たなビジネスモデルを考え、自分の事業をより成功させたい」

このように明確なゴールをイメージし、それを周囲に宣言するのです。

②とことん突き抜けてやってみる

変な人だと思われるのは苦痛だと思いますが、それは中途半端だからです。「変な人」も、突きぬけると個性になり、周囲からも「○○さんだからしょうがないな」と苦笑され、次第に周囲に愛され、支持されるようになります。中途半端にやってはいけません。

③「私は自己実現したいから!」というエゴだけで、プログラムを進めない

余裕が出来た3時間のうち、1時間でも30分でも、家族や同僚のために使うようにしてみましょう。仕事や家事をないがしろにせず、後ろ指をさされないようにすれば、「変な生活を送っている人」も次第に受け入れられます。

ここで少し、自分のことから離れて考えてみてください。

周囲に「変わった人」がいたとして、その人が好かれるか嫌われるかは、どこが分かれ目だと思いますか？

その人が夢をもって全力疾走していれば、「応援してあげようかな」という気持ちになりますよね。しかもその取り組みが、気まぐれではなく徹底していれば、なおさらではないでしょうか？

そしてその人が、行動が変わっているだけで周囲に迷惑をかけていなければ、周囲から苦々しく思われることはないのではないでしょうか？

この①～③のポイントを実践していれば、周囲から「変な人」と思われこそすれ、嫌われることはありません。

実は私も、極端な生活を送ることで周囲が離れていかないか、内心ビクビクしていた時期もありました。しかし、変わった生活や行動をしているにもかかわらず、周囲と衝突することは、今ではあまりありません。

私は、飲み会では一次会で帰り、時には中座をします。税理士法人の代表時代に「木村さんは最後までいないと示しがつきません」と怒られたこともありました。でも、徹底して早出と早上がりを繰り返し、「誰に対しても、いつでもどこでもそうしている」ことがわかった今では、お酒の席で21時頃から眠そうにしていると、「木村さん、そろそろ帰る時間じゃない?」と、逆に面白がられるようになりました。

①~③のポイントを実践しているにもかかわらず、それでも離れていく人がいたら、**「私のことを『ついていけない』と思う人がいても、それは仕方ないな」と割り切る気持ちも重要**です。

例えば私は、身を粉にして働くタイプではありません。身を粉にして働いた結果、体調を崩したり、極端な話それで命を失ったりしたら「死んで花実が咲くものか」と考えているからです。だったら「身を粉にせずに成果を出す」方法を考えます。

ただし、世の中には私のような人間は許せず、献身的に滅私奉公で働いてくれる税理士に顧問を頼みたいという方もいるでしょう。一方で、私の考え方に魅力と価値を感じてくださる方もいらっしゃいます。

このような正解のない問題については、自分を理解してくれない方と、「正しい・正しくない」という議論をするのは、時間のムダだと考えています。それよりも、共感し賛同してくれる人により理解されることのほうが大切です。

「多くの人に浅く支持されるより、理解者から深く愛されるよう努力する」。

これは生き方のみならず、仕事のマーケティングにも非常に重要な考え方だと思っています。自分の立ち位置・考え方を明確にすることで、より自分に相性のいい人が近づいてくるという考え方ですね。

相手を立てよう、相手の主張を全部受け入れようと考えることは、友人関係であればいいのかもしれませんが、「1日を27時間にする!」という信念を貫く上では、邪魔になります。これは仕事をしていく上でも、そうです。特に、自分の色を出していかなくてはならない自営業の方は、万人に好かれようとしてはなりません。

本書の内容を実践した結果、みなさんが自由時間を作り、その中でこれまでやりたかったことをやり、仕事と人生をより充実したものにできたなら、著者として、これほどうれしいことはないと思っています。

最後までお読みいただき、本当にありがとうございました。

２０１５年12月

木村聡子

[著者]

木村聡子（きむら・あきらこ）

税理士。木村税務会計事務所所長。

1991年、法政大学法学部卒業後、一般企業に就職。その直後のバブル崩壊で「会社に頼らない生き方をしよう」と決意。手に職をつけるべく、会計事務所に転職しフルタイム勤務をしながら、実質3年で税理士試験合格。2000年に開業。

「これで自分の望む人生が手に入る！」と思ったのもつかの間、休日もなく、朝早くから終電まで働く日々が始まる。次第に、顧客が忙しさの元凶であるかのごとく、被害者意識を感じるまでに。心身ともに疲れ果てたある日、「自分は何のために働いているんだろう」を考え抜き、仕事のやり方・考え方を一新する。

6年の試行錯誤の結果、労働時間は激減。プライベートを充実させるだけではなく、「もっと自分の価値を高めないと」という思いから、空いた時間をセミナー講師としての技量磨きや、顧客への情報提供の一環としてブログ執筆に充てる。その結果、講師業、作家業と、活動の幅が大きく広がり、年収も倍増。現在は、顧問税理士としてだけではなく、税務や資金調達に関するセミナー講師としても高い評価を得ており、年間数十講演をこなしている。著書に『注文の多い料理店の消費税対応』（中央経済社）がある。

趣味は全国各地の球場に足を運んでのプロ野球観戦。

ブログ：きむカフェ　http://blog.kimutax.com/

あなたの1日は27時間になる。
「自分だけの3時間」を作る人生・仕事の超整理法

2015年12月10日　第1刷発行
2016年7月7日　第4刷発行

著　者 ——— 木村聡子
発行所 ——— ダイヤモンド社
〒150-8409　東京都渋谷区神宮前6-12-17
http://www.diamond.co.jp/
電話／03·5778·7236（編集）　03·5778·7240（販売）

装　丁 ——— 井上新八
本文デザイン・DTP — 吉村朋子、佐藤麻美
校　正 ——— 鷗来堂
製作進行 ——— ダイヤモンド・グラフィック社
印　刷 ——— 八光印刷（本文）・慶昌堂印刷（カバー）
製　本 ——— 宮本製本所
編集担当 ——— 中村明博

ISBN 978-4-478-06477-1